願うから、叶わない!?

人生を思い通りにクリエイトするしくみ

人生のラストピースを埋める奇跡の視点

(株)人間根本問題研究所
代表取締役
Rumi

Clover
クローバー出版

はじめに

この本で、あなたの人生が変わります！

「んー……、　またか……。

そんなことといっている本、これまでもたくさん見てきたし、学びも、実践も、してきたし……。でも、一向に変わらないですよ。どうせ、この本も……」と、チラッとでも思ったとしたら、あなたは、この本を読むのに、最もふさわしい人です。

「生まれてきてよかった！　毎日、嬉しい！」という日常を手に入れるために、**一度だけ読んでみませんか？**

これまで頑張ってきたのに、なんとなく不充足感、不満足感で日々過ごしていて、「人生最後のピースが埋まらない感覚がある」としたら、それは、「人生のしくみ」「あなたのしくみ」「この世のしくみ」「愛のしくみ」……、あらゆる「しくみ」を知らなかったことが原因なのです。

この本は、こんな方にお勧めです。

☑ 幸せになるために努力しているのに、いつまでたっても物心共に満たされない方
☑ 今、何か大変な状況にある方
☑ 過去の出来事が尾を引いて、現在まで禍根が残っている方
☑ 特に表立って何かあるわけではないけれど、どこか一抹の空虚感・焦燥感を抱えている方
☑ もっと愛し愛される幸せな日常があるはず……と、人生に何か違和感を抱いている方
☑ 物質面で成功した後、精神面での「心からの充足」や、「悟り（のような）境地」を得たい方
☑ もっと自分の命の使い方（使命）があるのではないか、と感じている方
☑ 命を燃やせる、何かを探し求めている方

申し遅れました。わたしは、株式会社人間根本問題研究所代表取締役、ＱＬＣメソッド開発者の、Ｒｕｍｉと申します。ＱＬＣメソッドとは、量子論に沿った自我浄化メソッドを使い、最短で幸せになれる意識の科学です。これまでに、全国にて講演４００回以上、その他、出版や、各種講座を開催し、８０００名以上の方の人生に関わらせていただきました。

日々、関わる方々に、

①あらゆる「しくみ」をお伝えし、
②「逆説が真！」と、これまでと真逆の「新しい生き方ナビ&思考」をインストールしていただき、
③「日常をつくり出し続けている自我」を解消させていただいています。

受講された皆さんからは、

頑張っても頑張っても空回りして、周りから疎外されていたのが嘘のように、周りから認められ、愛し愛される日常に変わりました！

いつも理由のわからない空虚感と焦りの中で、苦しい日々を送っていたのが、「何をしていてもしていなくても幸せ」という無条件の幸せを感じる日々に変わりました。「これを求めていたんだー！」と、人生で最も欲しかった感覚を手に入れて、最高に幸せです。

青あざができるほど壮絶な夫婦喧嘩をしていたのに、本質的な部分で通じ合える、愛あふれる夫婦関係に変わりました！

支配的な相手に苦しむ日々でしたが、その相手が、嘘のように世界一優しい人に変わってしまいました！

閑古鳥だった事業に、お客さんが来始め、そして、電話が鳴りやまなくなり、契約が順調に取れるようになりました。自己重要感が上がったので、それに合わせて、収入や自分の所属もグレードが上がりました。社内の人間関係も驚くほど良好になり、長年思い描いていた家族との団欒も楽しめる自分になれて、本当に今、幸せです。

などなど、書き出せばキリがないくらい、たくさんの感謝のお便りをお寄せいただいています。

このメソッドを実践された方々は、身近な人間関係で本質的な愛が循環し始めるばかりでなく、

- 学校の先生が実践されたら、荒れた学校が再生し、
- お医者さんが実践されたら、患者さんの不満が減り、病院内のムードも良くなり、患者数も増え、
- 顧客商売の方が実践されたら、クレームがなくなり、クレーマーがなんと最大の応援者に変わり、
- 管理職の方が実践されたら、職場がまとまり……、

と、各方面で、驚くべき変化のご報告もお寄せいただいています。

では、読んでいるうちに、「あなたの人生が変わる！　体験」を、どうぞお愉しみください！

contents

第1章 いったいどこまでいけば満たされますか？

contents

第4章 日常への処方箋 ～辛い時に読む詩《うた》～

あなたの人生に最高に効果が出る、この本の使い方

第1章は、古い思考を手放していただくために「これまでどう頑張ってきても、心から幸せにはなれなかったですよね?」と、従来の思考を諦められる内容になっています。

☑ **これまでのプラス思考や、自己犠牲などの努力・頑張りで何とかなる! と思っている方**

☑ **頑張りすぎて心が折れてしまって、頑張れなくなっている方、諦めている方**

は、ぜひ、ジックリお読みください。

☑ **もうすでに、「これまでのやり方では、ほとほと無理!」と、実感されている方**

は、1章は飛ばして、2章からお読みください。

第2章では、様々なしくみを解き明かしています。これまで疑問だったことが、腑に落ちる感動をお愉しみください。
そして、一度読み終えられても、日常でまた葛藤が起こった時、時々、読み返してください。この章は、この世のトリセツとして、あなたの今後の人生に、必携です。

第3章は、この本の真髄です。あなたの人生の、ラストピースが埋まる感覚をお愉しみください。そして、これから先、今回生まれてきた目的を見失いそうになった時、読み返してください。
あなたに、元気と勇気が湧いてきます。

第4章は、日常のシーン別に、あなたの心の救急箱として、ご活用ください。人生は波です。生きているかぎり、いろいろあります。
何か心が波だった時、「何があっても大丈夫！」と、「鬼に金棒！」で、生きていけますよ！

第1章

いったい
どこまでいけば
満たされますか？

第1章

いったいどこまでいけば満たされますか？

本章では、多くの人が陥りがちな、二元の世界の限界をお伝えします。「プラス的な方向や、プラス的な物事が良い」と思いがちですが、実はそうではないのです。

1 駆け抜けても、立ち止まっても……

わたしは、とある田舎の一般庶民の家に育ち、東京の某有名私立大学に進学、新卒就職は霞が関と、これまでの人生においても、また、今の天職の現場においても、本当に、多種多様な、いろいろな方々にお目にかかる機会がありましたし、現在でも、日々、その機会に恵まれています。そんな中で、いつも、感じてきたことがあります。

それは、**「心からの充足感・幸福感で毎日を過ごしている人が、とても少ない」**ということ。

多くの人は「こうなったら幸せ……」と、「幸せを感じられそうな状況」を追い求めて生きています。**「幸せになるために、その状況が必要」**だと思って、もっとキレイになったら！　もっとカッコよくなったら！　もっといい仕事に就けたら！　もっと有能だったら！　あぁ、結婚できたら！……と、「それが叶えば幸せになれる！」と思いこんで、**「幸せになれそうな状況」**を追い求めて、多くの人が、日夜、励んでいるのです。

けれど、**その状況を手にしたとしても、得られる幸せは、実は、一過性でしかありません。**

一瞬、幸せを手に入れたような感じがしても、それは、すぐにまた手の平から、こぼれ落ちる……。**「状況に依存する幸せ」**は、追えば逃げる陽炎のように、あまりにも儚いのです。

そして、驚くべきこともありました。それは、「もう『こうなったら幸せ』なんて、思う必要もないほど、すべてを手にしている人」でさえ、一抹の「愛の欠乏感」や「不充足感」「不安」を抱えて生きている、ということです。

もしかしたら、あなたも、「あぁ、もっとお金があったら……」「あぁ、愛ある家庭があったら……」「あぁ、もっと有能だったら……」「あぁ、自分の使命が見つかったら……」「あぁ、もっと心が穏やかだったら」「あぁ……○○だったら……」……なんて、思っていませんか？　そして「それが叶えば幸せになれる！」と、それを追い求めたり、叶えるために頑張ったりしていませんか？

もし、そうだとしたら……それを叶えること自体もなかなか難しいですし、仮にそれをなんとか叶えられたとしても……「叶えたら叶えたで、また次の悩みがやってくる」って、なんとなくお気づきではないでしょうか。

たとえば、あんなに結婚したかったのに、結婚したら今度はお互いがうまくいかない。「独身の頃はもっと気楽だったのに……」みたいな、次のステージに進んだからこそ！　の悩みって、次々に出てきますよね。

あんなに「お金があったら……」と思っていたのに、成功してお金を手にしたら、今度はそれが当たり前になって、喜びは束の間、お金があることが普通になる。それぱかりか、逆に「減る恐怖」や、周りの人が「お金に寄ってきているのではないか？」と猜疑心が強くなって、前より苦しくなってしまったり……

せっかくパートナーから愛され始めたのに、そしたら今度はそれが煩わしくなったり……

自分の有能さを感じられる職場にやっと転職できた！　と思ったら、人並以上の大量の仕事がやってきてイヤになったり……

使命が見つかった！　と思ったら、それを果たすために自己犠牲をして辛くなったり、自分の足りなさを嘆く羽目になったり……

心穏やかになった！　と思ったら、それはそれでなんだか刺激がなくて、つまらなくなったり……（笑）

人間って、本当におもしろい生き物です。

こんなことを、ずっと繰り返しているとしたら……、「毎日を心からの充足感や幸福感で満たされて生きるなんて、至難の技！」ですよね（笑）。

わたしは、幼少期から、両親が身を粉にして働く姿を見続けてきました。そして、決して裕福とはいえない時から、一貫して、「教育だけが財産だから、大学は好きなところに行きなさい」と言い続けてくれた親の言葉を胸に育ちました。そのせいか、「親孝行したい、一角の人になりたい……」と、かなりの上昇志向で生きていました。もの心ついた時から、上を、上を、目指し、左脳派、効率追求で、毎日を生き急ぐように駆け抜けていたのです。それは、もう幼少期からで……。大人になって当時を振り返ってみた時、「すごい子どもだったなぁ」って、我ながら笑ってしまう程でした。

その甲斐あってか、わたしは、普通に生きていたら出会うこともできないような方々と接することができ、同じ時を過ごさせてもらうことができました。若くして役職にもつかせてもらい、数々の経験をすることもできました。今では、たくさんの世界を見せてもらったことに本当に感謝しかありません。思い出しても、すべてが、かけがえのない宝物です。けれど、あの当時のわたしは……、幸せとは、真逆のところにいました。

どんなに周りから「すごい人」と思われても、当の本人は……、どこまで行っても、自分を認められず、逆に、焦燥感と無価値観の中で、いつも心は、カラカラと虚しい音を立てていたのです。

周りの優秀な人も（わたしの見てきた範囲内にはなりますが）、ほとんどの人が、そうでした。「もっと上へ！　もっと上へ！」と、上昇志向で生きている人は、何かを達成したとしても、そこは一瞬で通過して、また次の目標に向かって自分のお尻を叩き始めます。その在り方は、「毎日を心からの充足感や幸福感で生きる」のとは、真逆の方向性です。「何かを達成した、その瞬間」だけは、充足や幸福を感じたとしても、それは瞬く間に通り過ぎるのです。何かを達成しても、すぐ、またその翌日から、更に上を目指す、生き急ぐ感覚に包まれていくのです。

実は、上昇志向は無意識に「『今の自分は、まだまだだ』という自己否定や自己卑下」をつくり出すのです。

では、上昇志向をやめて立ち止まれば、充足や幸福感を感じられるのでしょうか？
わたしは幸い、二度ほど、この「立ち止まる経験」もしました。
一度目は、在り方に疑問を持った所属先を辞め、次の身の処し方を考えようと暫く休むことにした時。そして、二度目は独立起業後、ウツを経験した時です。

あんなに休みたい、休みたいと思いながら頑張ってきて、「やっと休める状態を自分でつくった一度目」も、「強制終了させられて、その状態がつくられた二度目」も、あの時のわたしは、どちらの経験でも、まったく心が休まりませんでした。ずっと上昇志向で駆け抜けてきたわたしが、やっと立ち止まれた。休んでもいい時を迎えたのに……。今度は、立ち止まっていることが辛かったのです。

結局わかったことは、駆け抜けても立ち止まっても、これまでの在り方では「どちらも辛い」ということでした。


日々、出会う方々も、そうです。

バリバリ頑張ってきて「休みたい、休みたい」と思ってきて、何かのキッカケで、やっと休めるタイミングが来たのに、そこでまた、「仕事以外に、何もやりがいを持っていない自分」に気づいて、愕然とされたり……、「休む罪悪感」が出てきて苦しまれたり……。心から休める境地には、皆さん、なかなかたどり着けません。

バリバリとは逆で、あまり頑張ってきた自負がなく、どちらかといえば「なぜ自分は頑張れないのだろう……」と、そもそも、そんな立ち止まっているような方も、多くの場合、自分のダメさを嫌って（自分がダメなように見えて）、苦しんでいらっしゃいます。

つまり人は、「駆け抜けても、立ち止まっても、どちら側で生きても、心からの充足感や幸福感を感じながら生きるのは、ほとほと難しい」生き物なのです。

駆け抜けても、立ち止まっても、今までの在り方では、幸せにはなれない。

2 誰だっていつも不安を抱えている

わたしは、日々、たくさんの方のお話をお聞きし、お悩みを解消したり、その先の『真の自己実現』をお手伝いしていますが、ほぼ全員の方が、何かしら不安を抱えています。「不安で、怖くてたまらなくて、どうにかしたいです」という方から、「理由もないのに、何か漠然と不安なのです」という方まで、程度の差はありますが、「まったく不安がない」方は、ほぼいらっしゃいません。

不安を感じると、人は、いろいろな反応をします。

- 「それを消そう、消そう」と躍起になったり、
- 「どうやったら消せるのだろう」と悩んだり……、
- その不安をバネにして、更に自分を頑張らせたり、

不安に蓋をして、ないものにしたり……。

みんな、不安を消したくて一生懸命にいろいろなことをされていますが、残念ながら、これでは、不安を払拭することはできません。そればかりか、これでは、ゴールが見えない「頑張りの無限ループ」に、はまりこんでしまいます。

片や、状況を追い求めるのに頑張りすぎて疲れ果て、求めることを諦めた人もいます。ですが、その人達も同じです。頑張っていないように見えますが、実は**「頑張らないことを、頑張っています」**。本当は求めたいのに、求めると傷つき消耗するから、「もう求めない！」と**求めないことを頑張っている**。どの人もみんな、本当に頑張っています。わたしは、なんだか、そんな健気な、お一人お一人（＝人間という存在）が、とても愛おしくて現在の活動をしています。

とにかくどの人も、もれなく「安心でいられる状況がある」と思いこんで、意識しているにせよ、無意識にせよ、「安心な状況」を求めています。

「お金があったら……」「成功したら……」「結婚したら……」「家族がいたら……」……etc。**「そうなったら不安がなくなる」**と思って、本気でそれを得るために頑張っているのです。前節の「幸せ」と同じで、「安心」のために、**「何かの状況が必要だ」**と、思い込んでいるのです。

でも、残念ながら、その状況を達成しても、不安はなくなりません。

そう思いませんか!?

たとえばお金。

お金が全然ない時に「あぁ一千万円くらいあったらなぁ……」と、思っていたとします。その時は「そうなったら安心できる」と思っていた。でも! なんです。

「一千万円持っている自分になったら……、それはそれで「あー、一億円くらいあったらなぁ……」という具合に、イタチゴッコになるのです。

なんとなくわかりますよね。お給料とか会社の売り上げとか、営業成績とか……すべて、そうですよね。「永久に安心できる状況」なんてないのです。しかも、まさか！　ですが、**何かの状況を達成したら、逆に今度はそこから落ちるのが怖くなる。不安が増えたりするのです。**だったら「不安を払拭するために、何かの状況を追い求めている」こと自体が、本末転倒。方向が違いますよね!?

では本当の意味で、不安を解消できる方向とは、どの方向なのでしょうか……？

それを知るためには、まず、不安の正体を知らなければいけません。

「不安」って、一体なんなのでしょう？

そもそも不安って、完全に消し去ることができるのでしょうか？

実は、世の中には、「悩んでも仕方がない＝悩む必要がない」ことがあります。

「不安」も、その一つです。

そもそも人間は、危険回避の本能があるから、「これは大丈夫なのかな？」「あの人にこう思われていないかな？　そうだとしたら説明しないといけないよね？」などと危険な目に遭わないように、常に備える習性があるのです。だから、人間である以上、「不安」があるのは正常なのです。「不安があるのは良くない状態（＝問題）」だと思って、なんとか消そうとしているとしたら、それこそが、終わらない負のループにはまり込む原因だったのです。

「不安があるのは当然＝正常！」
つまり、そもそも完全に不安を消し去ることはできない。

これを知ると、「なーんだ、不安ってあってていいんだ！」と受け入れられるようになります。

すると、

勝手に、不安って消えていくのです。

逆説ですから！

消そうとすると、消えない(笑)。

「受け入れると、消えてゆく」という、しくみ……。

これが、不安を解消できる本質的な方向です。

これは、不安だけではなく、「あらゆる問題をも解消できる方向」の一つです。

「不安や悩みの原因」って多岐多様にあるように思われていますが、実は、突き詰めれば、「受け入れられないこと」たった一つと言えるのです。だって、その相手や出来事を受け入れられたら、もうそれは苦悩ではないですよね。

悩みの原因は、たった一つ。

「その出来事や相手を、受け入れられないこと」。

3 寝る時間もないほど働いても、寂しさ、虚しさ、そして、周りには誰もいない

ある成功者の方とお話ししていて、印象的だった言葉があります。

「寝る間もないほど働いているのに、寂しさ、虚しさでいっぱいなんだよ。

そしてふと見回すと、周りには誰もいなくてね……」

なんて切ないのでしょう。当時、胸が張り裂けそうになったのを、覚えています。

最初に「成功・成幸」について、少しお話させてください。

人はなんとなく、多くの人がイメージする「成功」を追い求めて生きています。

けれど、求めるべきは、本質的な意味での「成幸」だと思います。

これまでお目にかかった多くの成功者たちも、冒頭の切ない言葉に代表されるように、やはり最終的には「幸福感」や「愛し愛されること」を求めていらっしゃいました。どんな「強面の男性」でも、「すべてを手に入れたような人」でも、です。

つまり、一般的な「世に言う成功」を収めたとしても、必ずしもそれは「成幸」にはならないのです。

実は、裕福な、物質的には何不自由ない層にいる人のほうが、悩みが深かったりします。そして、孤独や寂しさや猜疑心、お金で紛らわせる（紛らわされる）虚しさ……etc。わたしのような一般庶民には知り得なかった、深い苦悩があることも知りました。

庶民からしたら「さぞ、幸せなんだろうなぁ……」と思ってきた階層の人たち。
でも、その方たちのほうが、もしかしたら苦悩が多いのかもしれない……。
そんな風に感じたこともあります。

あなたは、一般的なイメージの成功をしたいですか？
それとも、本質的な成幸をしたいですか？

最初は、生活のためにガムシャラに頑張っていたとしても、生計を立てることが軌道に乗って、ある程度、生きていくことはできるようになると、やはり誰しも、その先に求めるのは「幸福感」と「愛」ではないでしょうか？

そうであれば、「世にいう『成功』をしていない（ように思える）人」でも、日常で「幸福感」を感じられて「愛し愛され」ていたら、それはもう「成功者」も羨む、真の「成幸者」なのだと思いませんか？

わたしは、自らもいろいろな体験をしてきて、やっぱり「成功」ではなく「成幸」を求めたいと思っています。そして本質的な「成幸」、そこに至る人をたくさん増やしたいと思っています。

なぜなら、心からの幸福感や、本質的な愛に満たされた人が増えると、「その愛や幸せが集合意識に満ち渡り……、社会や、世界や、地球が、元々の愛に戻っていく」と確信しているからです。

イライラしている人がいると、周りもイライラしてきますよね？　逆に、癒やし系・和み系の人がいると、その場が、やわらいで、和んでいきます。人の内面は目には見えないけれど、確かに作用し合っています。

音叉のように、お互いの心が、その人の発するバイブレーションによって共振共鳴し合うのです。愛に満たされた人がいると、その人の周りには愛のバイブレーションが広がっています。愛あふれる人のそばにいると、なんだかこちらまで幸せな気持ちになっていきますよね！　そんな人とは、いつも一緒にいたくなってしまう。

だからその人の周りには、いつも人が集まってきて、愛のバイブレーションがどんどん広がっていく。すると、周りの人が嬉しいのはもちろん、そう！　その発信元であるその人自身も、孤独ではなくなる。愛で満たされていく……。

この世は、「自分が発しているものが、周りから返ってくるしくみ」になっています。

よく外側に（＝自分以外の他者に）愛し愛されることを求める人がいますが、実はこれも逆です。あなたの中を、まず愛で満たす。すると自然と、他者との間にも、愛が循環するようになるのです。自分を犠牲にして相手のために頑張っていた時よりも、はるかに楽に軽やかに、愛し愛される循環に入っていけるのです。

自分が幸せになることに罪悪感を抱く人がいますが、そうではないのです。まず、あなたが自分を愛し、幸せにし、あなたがあなたのハートのコップを満タンにするのです。イメージしてみてください。コップのお水って満タンになったら、勝手に、中身があふれますよね？　そう、あなたが自分のコップを自分への愛で満タンにすると、そこから勝手に愛はこぼれ落ち、あふれ出すのです。

自分のコップの中身はカツカツなのに、人に愛を与えようと自分を犠牲にする人がいますが、それでは、自分も相手も幸せになれません。自分が何かの犠牲になっていたら、人の幸せを素直に喜べないばかりか、「なんで、あなたも犠牲にならないの？」と、人の不幸さえ願ってしまいかねませんから。

人は、自分が幸せであって初めて、人の幸せも心から喜べる生き物です。
自分が幸せだったら、勝手に人の幸せを喜べるし、人に優しくなれるのです。

だから、あなたは、一点の曇りもなく幸せになっていい。

あなたが幸せになっても、周りは不幸にはなりません。
むしろ、逆です。あなたが幸せにならなければ、周りは不幸になります（これ以上詳しく書くと、それだけでも一冊の本になってしまいますので、「自分が幸せになることに一抹の罪悪感」を持っていたり、「自分が幸せになると周りが不幸になる」と感じてしまう方は、ビデオブック『ガマン大迷惑の法則（Ａｍａｚｏｎ）』もご参照ください）。

あなたが「自分のハートのコップ」を自分への愛で満たすことで、周りにも、あなたからの愛が勝手にあふれ、広がっていく。そんな循環が、わたし達一人ひとりにできる「真の社会貢献」だと思うのです。

一人ひとりの人生のラストピースを埋めるもの、それは、本当の意味での「成幸」をすることです。

そしてそれは、大きな意味では、社会・世界を愛で満たす＝世界平和を達成するラストピースでもあったのです（この辺りは第2章で詳しく書きますね）。

あなたが幸せになることが、地球を豊かにすること！

4 人生の振れ幅 〜情熱か退屈か〜

わたしの元には、日々「輝いていたい!」「充実していたい!」「使命を見つけたい!」……そんな願いを持っている人が、たくさん集まってこられます。

けれどそう言っている人に限って、新しいことに踏み出すのが怖かったり、「自分なんてこんなもの」と自分を制限して、自分で自分に「退屈な毎日」を強いていたりします。

「毎日輝いて、充実して、使命に命燃やして生きている人」は、「毎日輝いていたい!」「充実したい!」「使命を見つけたい!」なんて思っていません。そんなこと頭にも浮かばないほど、もう今、すでに、「やりたいことに邁進」しています。

ただ、「だから幸せか!?」というと、実は、そうでない場合もあります。同じ「輝いて、充実している(ように見える)行為・行動」でも、その行動の出どころが、**こ**

れまでの在り方（＝状況で幸せになれると思って、その状況を達成するためにガムシャラに頑張っていたり、自分の欠乏感を埋めるために何かをやっている在り方）だったら、周りに、どんなに輝いているように見えても、当の本人は、心が疲弊してしまって、**「できることならすべてをやめたい」「誰かにやってほしい」「休みたい」と、切に願っている場合も多いからです。**

おもしろいですね。どちらの人も、「成幸」していない。

つまり、これまでの在り方だったら、情熱的に生きている（ように見える）人も、退屈に生きている（ように見える）人も、心からの「幸せ」や「愛」に、日々、満たされて過ごすことはできないのです。

よく、極から極に行く人がいます。

「退屈人生」を嫌って、「情熱人生」に行ったり、

「情熱人生」に疲れて、「退屈（非活動的）人生」に行ったり……。
でも、この極から極は、結局、どちらの極に行っても、同じ。
どちらも「心からの幸せ」や「愛」に包まれた、
本当の「成幸者」にはなれないのです。
では、どうすればいいのでしょうか？

それは……、
両極を超越したところで、
どちらの極も楽しめる、
新しい在り方に移行することです。

本書で、その「在り方」を手にできれば、あなたは即座に「あなたの人生のラストピース」を埋めることができます！　これについては、第3章で詳しくお伝えしていきます。

どちらの極に行っても、これまでの在り方では、人は幸せになれない。

5 成功者でも、落伍者でも……

ここまで読んでこられたあなたは、もしかしたら、頭の中が、少し不思議な感覚になっているかもしれません。これまで、ハッキリクッキリ「ある」と思っていた、「良い・悪い」「成功・不成功」「幸せ・不幸せ」という概念や、その輪郭が少しボンヤリ……崩れてきているような……。

どうですか？
もし、そうなっていたら、おめでとうございます！

なぜなら、「これまでの在り方で、心からの充足感、幸福感を感じられていない」のなら、「在り方ごと、ゴッソリ変える」しかなく、それには、「これまでの思考を崩壊させる必要がある」からです。これまでの思考で捉えられることは、これまでの範囲内を出られず、人生は一向に変わらない。つまり、これまでの極から極に行く繰り返しが続くだけで、決して、心からの幸福感は手に入らないのですから。

思考崩壊は、あなたを「新たな在り方」へ、移行させてくれます。

人生を、いえ、あなたの日常を、「駆け抜けても・立ち止まって」も、「情熱的にしても・退屈にして」も、「成功していても・落伍者のようであって」も、これまでの在り方では、どちら側にいても、本当の意味での「幸せ」や「愛」は感じられない。
つまり「成幸者」にはなれない。

だとしたら、もう、これまでの思考で、「成功」を追い求めることに意味がない！
そんな幻想を追い求めるのは、もう終わりにしたい！　ですよね。
在り方ごと、新しい在り方に移行すれば、たとえこれまでの「成功者」「落伍者」

（と捉えてきた）どちら側であっても、本当の意味での「成幸者」になれます。

実は、どんな状況でも、幸福感で埋め尽くされる超越した在り方がある！

第2章

しくみを理解すると……

第2章 しくみを理解すると……

あなたは、この世のしくみを知っていますか？

「え？　そんなもの、あるんですか？」と、聞こえてきそうですが（笑）、その存在さえ知られていない、でもそれを知らずして、この世をうまく渡り歩くことはできない、そんな大切なしくみが、実はあるのです。

「真の成幸を手に入れる」、そのためには、まず、すべての「しくみ」を知ることが必要です。何かのゲームをする時も、まずそのゲームの「しくみやルール」を知らないと始まらないし、愉しめないですよね？　なのにわたし達は、この世に生まれ落ち、今回の人生ゲームの最中にいるにもかかわらず、様々な「しくみ」を、ほぼ知らされていない。これでは、うまくいきようがなかったのです。

巨大迷路も上から見れば、出口までが丸わかりなように、本章で、いくつかのしくみを理解すると、あなたは、あなたの人生巨大迷路を上から見ることができるようになります。

言うなれば、あなたが設定した人生ゲームの「苦難を超え、それによって魂の成長をしながら、光の出口へ至る道」が丸わかりする感じです。

そうなって初めて、不安・恐怖・葛藤をも含めた、その道中を、丸ごと愉しむことができるのです。わたし達は、本来、それを体験しに生まれてきているのです。

では、これから、あなたに必要な、いくつかの「しくみ」を、お伝えしていきますね。

1 人生のしくみ

最初は、人生のしくみです。

世の中には、幸せそうな人と、不幸せそうな人がいますが、その人達の違いって、なんだと思いますか？

「お金持ち？」「結婚している？」「人がうらやむ仕事に就いている？」

いえ、そうではないですよね。

たとえば、

愛を渇望している、不幸なお金持ちもいるし、
夫や妻の死を願う既婚者もいるし

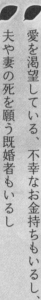

（ショッキングですが、「頼むから死んでくれ」のような書き込みって、SNSで結構見かけます。多少、冗談混じりとしても、でも、そのくらい心痛があるということですよね）、

美人やイケメンや有能な人でも、嫉妬に苦しんでいたりします。

第1章からずっと、お伝えしてきましたが、要は、お金や、結婚や、仕事、外見、そんな「状況で、人は、『幸せ』や『不幸』になるのではない」。もう、それが「パッ！」っとわかるあなたに、変わってこられているのではないでしょうか？

そう！　もう「この本を読む前のあなた」と、「今のあなた」は、すでに、別人になっています！

ここで、さらに、奥殿に進みますね！

幸福感いっぱいの人生と、不幸感いっぱいの人生。

明暗を分けるのは、実は、ジャッジです。

多くの人は、良いことだけを求める傾向があります。常に、目の前で起こる出来事を、「これは良いこと」「これは悪いこと」と、毎瞬毎瞬ジャッジ（判断）し、「これは悪いこと」と思うと、嫌な気持ちになり、「これは良いこと」と思うと、気分が良くなり、「良いことだけだったらいいのにー！」と思いながら生きています。

しかし、どうでしょう？　日常で「良い（と思える）こと」って、たくさんありますか？　あなたの日常で「良いこと」と「悪いこと」では、どちらが多いですか（多いと感じますか）……？　きっと、悪い（と思える）ことのほうが、多いのではないでしょうか……？

なぜならそこには、こんな「しくみ」があるからです。

前章でも触れましたが、脳は、危険回避したい生存本能ゆえに、そもそも、出来事のマイナスを拾って、それに備えようとする習性があります。人それぞれに程度の差はありますが、「これは大丈夫かな?」「これは身の危険はないかな?」と、いつも出来事をジャッジしながら、不測の事態に備えているのです。

だから、「良い(と思える)」ことが起こった時でも、素直にそれを受け取れません。たとえば、誰かに褒められた時、一瞬は嬉しくても、すぐその後から「真に受けていいのかなぁ? 何か、裏があるんじゃないかな?」といぶかしく思ったりして。そうやって、最大限に、起こりうるかもしれない危険を想定して、無意識に備えようとし続けているのです。

また、「もっと良いこと、もっと良いこと」と、それを求める方向性(もっとクレクレ星人、笑)なので、少々のことでは満足しないばかりか、「大きな良いこと」ばかり求めているから、「小さな良いこと」に気づくこともできず、スルーしてしまう場合も多いのです。

これでは、良い（と思える）ことがあっても、あまり喜べないですし、あっても素通りしてしまいますから、日常で、良い（と思える）ことが少ないはずですよね。

では逆に、「悪い（と思える）こと」が起こった時は、どうなると思いますか⁉
その場合は、落ち込んだり凹んだり、あるいは「それを良い方向に変えるにはどうしたらいいか？」と画策したり……苦悩に向かいますよね。これは、あなたもすでに体験済みだと思います。

だから、

身を守るため！に、これは「良いこと」「悪いこと」とジャッジして頑張っている、そのこと自体が、幸せを感じられない（＝成幸できない）原因だったのです！

「♪人生楽ありゃ、苦もあるさぁー♪」という、誰もがご存じの水戸黄門の歌にもあるように（笑）、人生には、そう！ 波があるのです。人生だけでなくあなた自身にも、気分に波があったりしますよね？ そして、この世にも波があります。あなたにも、相手にも、この世にも、波があるのです。

波の上がり調子を良いこと、下がり調子を悪いことと捉えていると、そもそも自分にも、人生にも、相手にも、この世にも、すべて波があるのですから、永久に苦悩から脱出することはできません。つまり、「良いこと（上がり調子）だけにしたい」と思うと、必ず苦悩が付いてくるのです。

これも先述した、

「そもそも『悩んでも仕方がない＝悩む必要がない』こと」の一つです。

そもそも、人生は、「良い（と思える）こと」と、「悪い（と思える）こと」が、絶えず折り重なっている一片の織物のようなものです。

だとしたら、「悪い（ように思える）ことが起こらないでほしい」、「良い（ように思える）ことだけ起こってほしい」と願っても、それは絶対に叶いませんよね!?

では、どうすればいいのでしょうか……?

それは、『良い（と思える）こと』の中にも、必ず『悪い（と思える）こと』が、『悪い（と思える）こと』の中にも、必ず『良い（と思える）こと』がある」と知ることです。

そして常に、「どちらを求める」でも「どちらを拒絶する」でもなく、マイナスの奥にあるプラスを瞬時に見つけることができる、マイナスもプラスも、どちらも愛おしめる視点を持つことです。

これについては、第3章で詳しく書いていきます。

人生のしくみ

「悪いこと」を嫌ったり、「良いことだけにしたい」と願うことが、苦悩の元。

2 あなたのしくみ

次は、あなたのしくみです。
あなたのしくみを、ズバリ、一言で言うなら、

あなたは、あなたの日常の創造主です！

この意味、わかりますか？　いろいろと学ばれてきた人は、知っている言葉かもしれませんし、「どういう意味ですか？」と、チンプンカンプンな人もいるかもしれません。

この言葉の意味は、文字通り、「あなたの日常は、あなた自らがつくっている」という意味です。「誰か」や、「何か」に、「そうされている」というのはない、という

ことです。

たとえば、「親のせいでこうなっている」とか、「会社のせいで、夫のせいで、妻のせいで、自分のせいで……ｅｔｃ、こうなっている」など、いろいろ思うことがあっても、実は、それは真実ではないという意味です。

あるのは、あなたが「それをそう捉えているから、日常がその現実に収束している」ということ。ただそれだけ。あなたは、あなたの認識で、あなたの日常をつくり出せる存在なのです。

自分の日常が、そんな「しくみ」になっているなんて、知っていましたか？

「知らなかった」としたら、いえ、「いろいろ学んできて、それは言葉では知っていたとしても、実際に、その『しくみの扱い方』を知らなかった」としたら、それが、真の成幸者になれなかった原因だったのです。

何かの製品を使い始める時には、必ず、取扱説明書が付いてきますよね。簡単なものなら、トリセツなしでも操作できるかもしれませんが、それは、なんとなく類似した製品を使った経験値があるからで、まったく触れたことのないものは、トリセツなしでは操作は難しいし、なんとなく使っていたら、とんでもない事故に遭う危険性もありますよね。なのに、わたし達は、この世に生まれてから今まで、自分のトリセツなんて、もらったことがない。

だから、幼少期から、「親の言うことをそのまま鵜呑み」にしてきていたり……、成長の過程で、「周囲から見聞きしたことをなんとなく取り入れて」きていたり、自分で自分の人生を扱う自信がない場合、自分の人生なのに、まさか「他の誰かに全権を委ねて」きていたり……する。

もしあなたが、自分のことを「心から全肯定できない」、「現状に満足できない」、「生き方に不充足感がある」としたらそれは、あなたが悪いからではなかったのです。

そもそも、自分という「しくみ」がわからないものを、曲がりなりにも、よくこれまで扱ってきたねと、褒めてあげてもいいくらいなのです。

では、更に詳しく見ていきますね。

多くの人が「社会がこうだから、お金ってこうだから、生まれがこうだから、自分の能力がこうだから……ｅｔｃ」と、『○○はこうだから』、じゃあその中で、『自分はどうしたらいいのだろう……』」と模索しながら生きています。目の前の現実にどう対処しようかと、そこにばかり注力しているのです。

でも、まさか！　なのですが、実はその「○○はこうだから」が、純然たる真実ではないのです。一人ひとり、「そう信じているからそうなっているだけ！」なのです。「○○に対する真実」は、十人いたら十通りあるのです。

たとえば、お金持ちの家に育った子は、小さい時からお金があるのが当り前だから、「お金って、いつもあるものだ」と自然と思えています。そのため無意識に「お金がある日常」を過ごしていることが多いです。片や、あまり裕福でない家庭で育った子は「お金って、なかなか入ってこないものだ」と、自然と思い込んでいます。そのため無意識に「お金がない日常」を過ごしていることが多いです。

「カエルの子はカエル」と言われる現象が割と多いのは、こんな「しくみ」だからなのです。

もう少し具体的な話だと、たとえば、

お金でいつも夫婦ゲンカしている家庭に育った子は、どうなると思いますか？

これは実話ですが、旦那さんからお金をもらえない主婦の方がいました。彼女は自宅で副業めいたことをしようとはしていたものの、実際にまだお客さんはいないし、自分の両親と義理の両親4人のお世話もしていたし、収入なんてまったくない。なのに、旦那さんは、彼女はお金を持っていると勘違いしているのか、家にお金を入れてくれない状況でした。彼女は生活に困って、困って、困っていらっしゃいました。すごく悩まれて、わたしの元に来られたのですが、この方の日常をつくり出していた原因が、やっぱり、その方の思い込みにあったのです。

面談中サラッと、「お金はもめごとの元だから……」と話されたのです。

わたしは、そこをすかさず、現行犯逮捕しました（笑）。お話を伺っていたら、両親がいつもお金のことでケンカをしていたそうで、その方は無意識に、「お金はもめごとの元」と思い込んでいたのです。

わたしが「それは思いこみで真実ではありませんよ」とお伝えすると、「え？　お金ってもめごとの元じゃないんですか？」とすごくびっくりされていました。その方にとっては、「お金はもめごとの元だ」というのが、それまで確固たる真実だったのです。「これは、こうだ」と「真実だと思っている」ことが、実は、これまで見てきたものからつくってしまった思い込み（＝幻想）だったりするのです。

この方は、「お金はもめごとの元だから、旦那さんにお金の話をするとケンカになる」と思っていて、ケンカが怖くてそれまで一切、お金の話をしたことがなかったそうです。だったら旦那さんは、彼女のその苦しい実情を知るはずもありません。面談で、その思い込みを解消して差し上げたら、その後、割とすぐ、こんなご報告をいただきました。

「あれから、お金を入れてくれるようになりました。しかも、『いつもありがとう』と言葉まで添えてくれるんです。『お金はもめごとの元』という思い込みが解消されたからか、自然と夫婦の間で、お金の話ができるようになって……。自然な流れからの出来事でした」

わたしの元に来られた方々は、どんどん自分の人生を変えていかれるのですが、それは、これまでの「努力・忍耐」とは真逆の方向で、まずは今の日常から、自分の思い込みを知り、それを解消するんです。すると、勝手に「行為・行動」や「現実」が変わるのです。

よく、「お金がほしい!」と、仕事や副業に頑張りつつも、「お金がない。苦しい」という日常をつくっている方がいますが、そういう方とお話をすると、決まって「お金持ちは汚い」とか「父が借金ばかりしていて、母は可哀想だった。お金で人は苦労する」みたいなことを言われます。無意識に、お金に対して「汚い」とか「苦労する」といった、思い込みを持っているのです。

顕在意識で「お金を得よう」としていても、潜在意識で、「汚い」「苦労する」と悪感情を抱いているので、「汚れたくない！」「苦労させた張本人、憎い！」と、無意識にお金を寄せ付けなくしている。自分で自分のスカートの裾を踏みながら進もうとする、そんな膠着状態をつくり出してしまうのです。

もし、自分を良くするために様々に学びつつも、良くならない膠着状態が続いているとしたら、あなたの無意識下にある、「〇〇は、こうだ」を見つけ出して、解消する必要があります。

それをしない限り、膠着状態は終わりません。

「カエルの子はカエル」、先ほど喩えにも出しましたが、病気だけでなく「生き方」も遺伝することが多いですよね。それは、育った環境下で「子は、親と同じような『○○は、こうだ』を無意識に自分に植え付けていて、それが現実化するから」だったのです。

どうですか？　思い当たる節がありませんか？

笑い話ですが、我が家の家訓は「働かざるもの、食うべからず」でした。だから、わたしは生まれてからずっと、働いていなかった期間が、ほぼ、ありません（笑）。

大人になってから就く「仕事」という意味だけでなく、わたしは、もう小学生の頃から「働かざるもの……」で生きていたので、まだ子どもだった当時でも、「漫然と過ごしてしまった日は、ものすごい罪悪感」に襲われていました。幼少期から、いつもお手伝いをしていましたし、学生になって親元を離れての都会暮らし、晴れて青春を謳歌しても許される大学時代であっても、何の価値も生み出さなかった日は、夕方、ものすごい罪悪感に包まれました。そんな風ですから、卒業後、社会人になると、ましてや……でした。どんな時も、心から休めない、楽しめない……。常に生き急ぐような生き方をしていました。自らたどり着いたこのメソッドがなければ、今も馬車馬のように、ただ働くためだけに生きていたかもしれません。

わたしがこれまで関わった方々も、もれなく、「○○は、こうだ」という、思い込みの世界に生きていました。それは、あまりにも無自覚なので「息をしている」くらい当たり前で、**それが「自分固有の思い込み」だなんてまったく気づかない。当たり前に、それを真実だと思っていました。**

でも、それが「まさか、思い込みだったなんて!」と見破って解消していくと、まったく新しい日常に変化していかれるのです。

「わたしは怒るとひどいから、怒らないように気をつけています」と悩んでいた方が、「わたしは怒るとひどい人」という思い込みを解消し、そうなっていたしくみを理解されたら、途端に、自然と穏やかな人に変われたり、

ビジネス面でも、顧客がこなくて困っていた方が、「お客さんに来て欲しい」と言いながらも、実は「実際に顧客が来たら自分で対応できるか自信がない」とか、うまくいきたいと思っていながら、実は「うまくいって妬まれるのが怖い」とか、「親が苦労しているのに、自分だけが幸せになるのは許されない」などという、無意識の思い込みを解消したら、途端に、自然に問い合せの電話が鳴り始め、それ以降、ビジネスが軌道に乗ったり……。

書けばキリがありませんが、「〇〇は、こうだ」という思い込みの解消は、人間関

係・経済・健康面と、すべてのジャンルで現実を変えるのに有効だと、数々の実証例が物語ってくれています。

つまり、自覚のあるなしにかかわらず、皆さん、すでに「こうだと思っている世界」をつくっている。実は、あなたは、あなたの人生の、文字通り、創造主だったのです！ だから意識的に、あなたの「こうだと思っている」思い込みを発見し解消することができれば、あなたの現実は大きく変えられる！ ということなのです。

よく、引き寄せの法則などを学んでいる人が、「わたしは引き寄せられない」と言っているのを耳にしますが、「引き寄せられない」のではなくて、すでに、毎瞬、毎瞬、引き寄せ続けていたのです。その引き寄せているものが、「意識的にあなたが望んだことではなくて、無意識に植え付けられている思い込みだった」という、結末なのです。

たとえば、無意識に、

「わたしなんて価値がない」と思っていたら、
無価値な自分として……

「人なんて信用できない」と思っていたら、
ことあるごとに人を疑いながら……

「幸せになるのは難しい」と思っていたら、幸せとはほど遠い……

「お金を稼ぐのは大変だ」と思っていたら、お金に苦労する……

「わたしは恋愛音痴だ」と思っていたら、
パートナーと深い愛を交わすのとは無縁の……

そんな日々を送っている、ということなのです。

あなたのしくみ

あなたは、無意識に、「こうだ」と思い込んだ日常をつくり続けている。

3 この世のしくみ

ここまで、「人生のしくみ」「あなたのしくみ」をお伝えしてきましたが、いかがでしたか？

「なるほど……」と思っている方も、「なんだかわからないけれど、なんとなくまだ先を読みたい感じがする……」という方も、「抵抗感はあるけれど、なぜか読むのをやめられない……」という方も、どんな方も大丈夫です。

頭が納得するにせよしないにせよ、**「まだこのページをめくってくださっている」ということは、頭を超えたところでハートが感じているからです。**人生における「閃き」や「直感」の重要性は、ご存じの方も多いと思いますが、それは頭を超えたところからやってきます。**ハートを羅針盤にして生きれば、人生が軽く楽にスムーズに動いていきますよ。**

では、この世のしくみに、進みますね。

この世は、実は、あなたの内面があふれ出した世界。

前節と少し似ていますが、もう少し量子論的に、振動数（周波数といったほうが、馴染みがあるかもしれません）の側面からお伝えします。

その人の内面意識が、外面の現実・目の前の現象へ影響している事例は、数限りなくあります。「その出来事や相手、自分をどう見ているか」という内面意識が、その日常をつくっていることは、前節で詳しくお伝えした通りですが、それに加えて、日々「どんな感覚で過ごしているのか（発している振動数）」が、共振共鳴して、それに見合った現実がつくられているのです。

たとえば、ダメ人間がいるのではありません。

相手に対して、要求が高かったらダメ（に見える）人間に囲まれて暮らしていますし、自分に要求が高かったら、自分がダメに見えて、ダメ人間として暮らしています。ダメという認識は、振動数が低いので、振動数が低い（マイナス的な）現実を引き寄せます。

自分をダメ人間と見ていたら、自信なさげになりますし、下から人の機嫌を取るような態度になりがちで、そうすると、周りは、あなたにマウントしてきます。周りの人からぞんざいに扱われ、本当にダメ人間として毎日を過ごしてしまいます。

自分に厳しかったら、自分を大切にする人を見ると、生ぬるいように見えて、その相手が許せません。つい、腹がたって厳しく言ってしまい、トゲトゲとした人間関係を構築しがちです。

朝、電車に乗り遅れてイラッ！　ツイてない！　と、そこに捉われ続けていると、会社についてからも上司に怒られ、ランチではお店が混んでいて食べ損ね、午後の会議でもボロボロ……みたいな連鎖が起こります。

いつも、不平・不満・グチばかり言っている人は、「チッ！」っと、舌打ちしたくなるような、嫌な出来事ばかりに囲まれて暮らしています。

いつも何事にも自然と感謝が湧いて、幸せを感じて暮らしている人は、人から優しくされたり、ありがたいなぁ……って、思える出来事ばかりに囲まれて暮らしています。

つまり外側や、誰かに、何かを求めるのではなく、自分の内側が大切だったのです。

「思い込みを解消することで、日常が変わる」ことは前節でお伝えしましたが、それと同時に「普段どんな感覚で過ごしているのか（自分の振動数）」に、意識的に気づいて、整えてあげる必要があるのです。

「幸せの青い鳥は家の中にいた」有名な童話の結末ですが、あなたの「成幸」のカギは、本当にあなたの内側にあるのです。

この世のしくみ

この世は、あなたの内面意識があふれ出した世界。
もし今、心地悪い現実をつくり出しているとしたら、
内面意識を整えればいい。

4 不安や苦しみなど、マイナス感情が湧くしくみ

では、不安や苦しみなど、マイナス感情が湧くしくみをお伝えします。

マイナス感情は、その時の出来事や相手によって生まれるのではなく、あなた自身の、「二元思考」と、「結果追及型思考」によって生み出されています。

どういうことなのでしょうか。進んでいきましょう！

日常で何か不安を感じたり、苦しいことがあったり、空虚感に襲われたりすると、嫌な感じがしますよね。

たとえば「将来のためにこのくらいお金が必要なのに、まったく間に合わない」「そんなつもりで言ったんじゃないのに、誤解されて苦しい」「子どもが巣立っていって一人暮らしになり、なんだか心にポッカリ穴が空いてしまった」みたいな、何か特定の状況があって、不安や苦しみ、空虚感を感じているとしたら、その「目の前の現象や出来事に、原因がある！」と、これまで思ってきましたよね。

「でも実は、違うんじゃないか……」と、ここまで読んでこられたあなたは、なんとなく感じられるように変わってきているのではないでしょうか。具体的な現象や出来事は何もなくても、漠然とした、不安や苦しみ、空虚感に苛まれる時もありますから、ましてや！　ですよね。

出来事があってもなくても起こる、マイナス感情。それは、思考に原因があったのです。

多くの人が、日々、いろいろなことに不安や苦しみを感じ、それをなくしたいと思って生きています。不安や苦しみを嫌って、それを消そうと、様々な学びをしている人が、世の中にはたくさんいます。
わたしも、多くの学びの現場を通過してきましたが、「やっても、やっても、変わらない」だけならまだしも、あろうことか「やればやるほど、ひどくなる」人もたくさん見てきました（冗談ではなく、本当の話です。でも、水から茹でられるカエルのように、じわりじわりとひどくなるので、「最初より悪化している」ことに気づいていない、無自覚な人も多くて本当にビックリしたものです）。

なぜ、不安や苦しみは消えないのでしょう？
なぜ、良くなるために様々に学び努力しているのに、変われない……。
それればかりか、ひどくなることもあるのでしょう？

ここでちょっと考えてみてほしいのですが、体調が悪い時に病院に行って「原因不明です」と言われたら、どんな気がしますか？　……怖いですよね？　治しようがないですよね？　でも原因がわかったら、どうですか？　どこを治せばいいかわかりますから、病気自体は心配だとしても、「治し方の目処が立つ」という意味では、安心ですよね。

けれどわたし達は、不安、苦しみ、空虚感が湧いてくる原因を知らない。

不安や苦しみ、空虚感を消したいと思っていても、もし、それらが消えていないとしたら、それは、原因を知らないから。闇雲に努力しても、原因に届いていないのだから、治りようがなかったのです。

だから、安心してください。あなたが悪いのではないのです。

何も悪くない。もし悪いことがあるとすれば、それは、「しくみ」を知らなかったことです。

では、これから、不安や苦しみ、空虚感が湧くしくみをお伝えします。

不安、苦しみ、空虚感といった、マイナス感情が起こる原因。
それは、思考です。
「良い悪い、という二元思考」と、
「理想や結果を追い求める追及型思考」が原因です。

もちろん、脳の危険回避本能として、常に危険はないか察知しようとマイナスを拾ってしまう（＝そもそもがマイナス）思考は、当たり前に、全員に付帯されているので、それは一旦脇に置いておきます。

最初に二元思考についてお伝えします。人間は、ほぼいつも、ものごとを二元で捉える生き物です。

あの人にこう言われた。　↑そのことについて、良かった・悪かった

こういう出来事が起こった。　↑そのことについて、良かった・悪かった
自分は、こんな行動をとった。　↑そのことについて、良かった・悪かった
みたいな感じです。
絶えず、目の前に繰り広げられる出来事や相手に、無意識に、「良い・悪い」のジャッジをしているのです。

こう言われて、嬉しい（＝これは良いこと）。
こう言われて、嫌だった（＝これは悪いこと）。
これこれが、できてよかった（＝これは良いこと）。
これこれが、できなかった（＝これは悪いこと）。
これこれができたのに、思った評価が得られなかった（＝これは悪いこと）。
できたからこそ、更に上の要求がきて辛い（＝これは悪いこと）。

結婚して良かった。

結婚して悪かった。

美味しいお店で食事ができて良かった。

もっと美味しいお店だと思ったのに残念（＝これは悪いこと）。

といったように、絶えず頭の中で無意識に「良い・悪い」の二重奏がこだましているのです。本当に、忙しいですよね（笑）。

そこで！　ちょっと意識的になってみたいのですが、

そんなに忙しく、「良い」「悪い」の二重奏をこだまさせているけれど、

果たして、「良いこと・悪いこと」って、ハッキリ決まっているのでしょうか？

わたしのセミナーで、おもしろいシーンがありました。
休憩時間に、お二人のマダムが、こんな会話を始められたのです。

「あなた離婚できてすごいわねー」
「いえいえ、ガマンができなくて、全然ダメですよ」
「えー、わたしなんて勇気がなくて結婚し続けていますから、羨ましいですよ」
「えー、嫌なことがあっても結婚し続けていらっしゃるなんて、そちらのほうがすごいですよー」

おもしろいですよね。同じ「離婚」という現象について、羨望の眼差しで見る人もいれば、ダメな眼差しで見る人もいる（笑）。そして更にこれは、同一人物の中でも変化します。最初は良かったと思っていたことも、後からやっぱり悪かったと思ったり、またその逆もありますよね。

過去に自分が体験した「挫折」にしてもそうです。それを、「良かったと見るのか、悪かったと見るのか」で、その人の人生は心地よくも、悪くもなります。

今まさに「挫折中」だとしても、それをどう見るのか……。

「もうダメだ」と見るのか、

「今ここで、自分の根っこが深く育っている」と見るのか。

その見方によって、その後の展開が変わっていきます。想像がつきますよね？

実は、「出来事や、ものごと自体」で、

あなたの人生がつくられているのではなく、

あなたの「出来事や、ものごとへの見方・捉え方」によって、

人生はつくられていたのです。

日々起こる出来事に、純然たる「良い・悪い」ってないのです。「悪い」と捉えたら悪い方向に、「良い」と捉えたら良い方向に出来事は収束していくだけなのです（なんとなく、肌感覚でわかる方もいると思います）。

なのに、わたし達は、無意識に「純然たる『良いこと・悪いこと』がある」と思い込んで、自分の中のその「良い・悪い」のジャッジで、日々、一喜一憂しているのです。この辺りは、第3章で詳しく書いていますが、不安や苦しみが生まれる原因は、『良い・悪い』の二元思考でものごとを見てしまうこと」だと伝わりましたか？

何かの出来事や、誰かを「悪い」と判断すれば、その出来事や誰かに「どうしたらいいのだろう?」と不安になりますし、「なんでこうなの!」と憎しみや苦しみが生まれるのです。

次に、理想や結果を追求する、追及型の思考。これも、多くの人がやっている苦しみの元です。

日本人の多くは小さい時から「将来の夢は何?」「夢を持て」と言われて育ちますし、「高得点を取った」とか「試合で勝った」とか、何か結果が出ると褒められて育ちます。子どもながらに、褒められる(=愛される)と思って、結果を出そう、出そう(=もっと愛されよう)と、頑張ってきたと思うのです。だから、もう無意識に、常に夢や理想をつくり、「それを叶えよう」「その結果を得よう(=愛されよう)」と、大人になってからも懸命に頑張っています。

逆に、もし、今、頑張れなくなっている人も、最初は、頑張っていたと思うのです。ただ、「思うような結果が出せなかったり、途中で心折れてしまって、頑張れなくなっていたり……」、あるいは、最初から「自信のなさとかで、頑張るよりも頑張らないほうを選んでいたり」もありますね。でも、どちらでもいいんです。生きていくために、それでバランスをとっただけなのですから。

そして実は、この「夢や理想を追求する思考」も、まさかの空虚感、虚無感、無価値感……など、様々なマイナス感情を生み出す原因だったのです。

だって、「何かを叶えたい」と思った瞬間、「今、それが叶っていない＝欠けた自分」だと認識しますし、理想の自分になろうとすればするほど、今がそうでないように思えて、そのギャップがドンドン広がっていくからです。

「じゃあ、夢や理想を持ってはいけないのですか？」「夢や理想を持って頑張らないと、ダメ人間になるんじゃないのですか？」と、よく質問されるのですが、そうではありません。「そうなったら自分を認められる」とか「そうなったら、もっと幸せになれるはず」とか、「今、それが叶っていない＝欠けた自分」からの夢や理想は持たずに、「今すでに、このままでも素晴らしい自分」で、夢や理想のためというより、ただ愉しいから、心地よいから、嬉しいから……、みたいな感じで、自分のハートが喜ぶことを**「ただやる」のです。純粋な動機、「ただ一つでやる」のです。**

二つに分かれるものは不純です。幸せになるからやる、認められるからやる、愛されるからやる……ｅｔｃ。これらは、「もう少しこうなったら……」という、たとえ軽微なものであっても、「それを達成したい＝今、そうではない」という認識が出どころですから、その、「今、そうではないという現実」をつくり続けますし、「○○だから、やる」というのは、実は不純なのです。

無償の愛……。純粋性が高いほど人は感動し、満たされますよね。「○○だから、やる」というのは、実は条件付きで無条件ではないことに気づく必要があります。

条件付きでやるのは、その条件が揃わなかった時、不満に変わります。

たとえば、「喜んでもらえると思ってやったのに、思ったほど喜んでくれなかった。ショック……」なんてことは、よくあると思うのですが、これも、「喜んでもらえる」という結果を求めてしまった（喜んでもらえるから、という条件を付けてしまった）ので、苦しみが生まれたのです。「これをしてあげるのがわたしの喜びだから、してあげた」ただそれだけだったら、相手に思ったほどの反応をしてもらえなかった時でも、自分のハートは満足なのです。純粋に喜びでやる時は、「○○だから……」が、そもそもないのですから、不満は発生しません。

出た結果を、「良い・悪い」で見ると、二元思考の苦悩が生まれるかもしれませんが、二元思考も超えていれば、ただハートが喜ぶことをやっている、プロセスとしての「今・現在」の喜びに包まれて日々暮らすことができますし、そこには、「理想の自分」と、「今の自分」のギャップも、存在しません。

「これまで数々学んできましたが、理想の自分と今の自分が一致したのは、ここが初めてです！」「Ｒｕｍｉ先生は、現代のスマホを持った如来さまです」と言って下さった方がありましたが、**理想や結果を手放せば、逆に、理想の自分になっているという結末なのです。**

不安や苦しみなど、マイナス感情が湧くしくみ

マイナス感情が生まれる原因は、
良い・悪いといった「二元思考」と、
理想や結果を追い求める「追及型思考」。

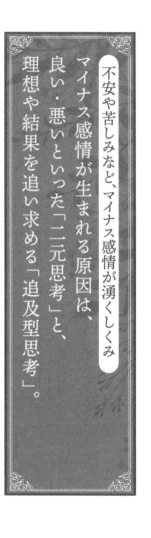

5 愛のしくみ

ではいよいよ、この節ではどうやったら愛が手に入るのか、愛のしくみをお伝えします。

愛は、手に入れようとしても、手に入りません。
愛は、実は、手に入れるものではなく、感じるものだったのです。

あなたは、愛されたいですか？　愛されていますか？　愛していますか？
愛って目に見えないものだから、それをハッキリ手にしている自覚って持ちにくいですよね。

だから、ハッキリ「愛し愛されている！」と即答できる人は、素敵だと思います。
なぜなら、多くの人が求めてやまない……何よりもの「成幸」を手にされていると思うからです。

では「愛し愛されている！」と即答できない人は、
どうしたら「愛」を手にすることができるのでしょうか？

実は、愛にも、「しくみ」があります。そのしくみを知るには、そもそも「愛」って何なのか？　愛の正体を知ることから、始める必要があります。

そもそも「愛」って、なんだと思いますか？
あなたが人を愛する時、愛されていると感じる時、何をしますか？
何をされていますか？

よく、「自分の『よかれ』をやる」人がいます。

たとえば「こまごまとお世話を焼くのが愛すること、愛されていること、それが良いこと」だと思っている人は、世の中に割と多いと思います。こまごまとお世話を焼いたり、焼いてもらったり……。あなたも経験があるかもしれません。

自分が良いと思っていることを、よかれと思って相手にもやってあげる。

多くの人は、これが「愛」だと思っているのではないでしょうか。

しかし、どうでしょう?

最初は、世話を焼いたり焼かれたりすることが嬉しかったとしても、ずっとそれが続くと……、焼いている側は疲れてきたり、焼かれている側はそれが当たり前になって、やってくれないと不満になったり、逆に、やられることが鬱陶しくなったり……、良いことばかりは続かない、と思いませんか?

そして、あなたの「よかれ」が、相手の「良いと感じること」と一致していればいいのですが、それは、一致しない場合も多いものです。

「たくさん食べるのが良い」と思っている人が、「お食べ、お食べ」とたくさん勧める。でもその相手が、「少食が体に良い」と思っている人だったら、勧められることがかえって苦痛だったりして、噛み合いません。

また、キッチリしているのが良いと思っている人は、「相手に何事もキッチリしてあげよう」と思いますが、キチキチしているのが窮屈に感じる割と大ざっぱな人にとっては、「キッチリしてこられるのがちょっと苦痛」だったりします。

例を挙げればキリがないのですが、要は「自分の『よかれ』を相手にしてあげることは、本質的な愛ではない」ということです。これを知り「よかれ」をやめていった方々は、本当に「心から愛し愛される日常」を手にしていかれました。

本質的な愛は、普遍性・汎用性があります。

いつの時代も、いつでもどこでも誰にでも、そこに「心地よさ・憩い」を感じさせられる「愛」。それこそが、「本質的な愛」だと思うのですが、それは、『よかれ』の延長線上にはない」のです。

では、その本質的な愛は、どこにあるのでしょうか?

それはある意味、「よかれ」とは真逆のところにあります。

自分の「よかれ」は置いておいて、**相手がどうであっても、「そのままの相手を『それでいいよ』と、受け入れる」そこに、本質的な愛はあるのです。**

「よかれ」があると、どうしても「悪かれ」ができます。「これが良いのに、なんでこうなの？」と、「よかれ」を持っている分だけ、相手が自分の「よかれ」に合わない時、批判が生まれてしまうのです。

「よかれ」は、マイルールの押し付けです。相手も慣れるまでは、もの珍しさで愛を感じられたとしても、ものごとはすべて、プラスとマイナス両方が混ざり合って成立していますから、**それまで良かったものが、悪いものに転じていきます。**「最初は、あんなに世話を焼かれるのが嬉しかったのに、今度はそれが、うざくなる」。人間って、本当におもしろい生き物だと思うのですが、二元思考でいたら、必ず「悪いこと」から逃れられないのです。

また、人は、外側に愛し愛されることを求めます。

「誰かに愛されたい、誰かを愛したい」といった感じです。

「え？　それって、当たり前じゃないの？」と聞こえてきそうですが、これも実は逆なんです。

実は、外側ではなく、あなたが内側（＝あなた自身）を、本当の意味で愛せた時に、外側から愛され始めます。この世は、あなたが自分にしていることが、周りから返ってくる「しくみ」になっているのです。

なんとなくわかりますよね？　どんなに美人でも、自分を嫌って暗ーいオーラをまとっている人って、なんとなく近づきがたい。片や芸能人などで、決して造形的に美しくはないのに、人気がある人っています。その人は堂々としていて、たとえどんな造形だとしても、その自分のキャラを好きで、楽しんでいます。

だから、「自分のことを嫌っているのに、人から好かれようとする」のが、いかにおかしなことかわかってきませんか？

それはたとえば、美味しくないラーメン屋さんを、知り合いだから……と、誰かに「食べに行って」と勧めるようなものです。勧めた自分も、勧められて食べた人も、あまりいい気がしませんよね。

自分で自分のことを好きじゃないのに、異性から好かれようとしても（異性にお勧めしても）、それは難しいことですし、もし仮に誰かに好かれたとしても、「わたしは自分を好きじゃないのに好いてもらって悪いな……」と、ジレンマで苦しんでしまうのです。ラーメンのたとえで言えば「美味しくないラーメンなのに悪いなぁ……」と罪悪感さえ抱いてしまうわけです。

要は、どんな自分であれ、自分が自分をそのまま好きでいてあげる。

「『そのままでいいよ』と、受け入れてあげること」が、愛される秘訣なのです。

わたしの元には、「自分を愛することが大切だ」といろいろなところで学んできて、でも、それをしようとしても、なかなかできなくて……そんなことを繰り返してきた方々が、たくさん集ってこられます。

そこでわたしは、「愛そうとする」のをやめてもらいます。残念ながら、「自分を愛そうとしても、愛せない」からです。なぜなら先述しましたが、「自分を愛したい。

愛そう!」と思うのは、「今、愛せていない」と認識しているからです。それでは「今、愛せていない」という認識が、そのまま現実化し続けるから、一生かかっても愛せません。

自分を愛するには、「そもそも、元々愛していた」ことに、気づくしかない!という結末なのです。

わたしの元で、真摯に自分に向き合っていかれる方たちは、「愛そう」としなくても勝手に、「自分が愛おしい……」という体感が湧いてこられます。その瞬間、皆さん、それはもうハラハラと……、美しい涙を流されます。わたしが、「この志事をしていて良かった……」と思う、瞬間です。

そうやって、自分への愛を取り戻していった方々は、これまで、

悲恋の繰り返しが終わり、最愛のパートナーが見つかったり、
壊滅的だった夫婦関係さえ激変し、心から愛し愛される関係を再構築できたり、
はたまた、真逆に、
仕方なく続けていた長い膠着状態を、清々しく終わらせていかれたりしました。

愛のしくみ

よかれを手放し、相手のそのままを受け入れる。
自分のことも、
そのまま受け入れ、好きになることができると
周りの人とも、愛し愛される日常に変わっていく。

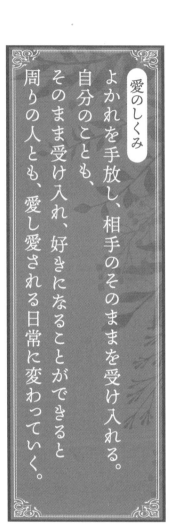

第3章

あなたのラストピース
が埋まるカギ
真！ ニュートラル思考

第3章

あなたのラストピースが埋まるカギ　真！ニュートラル思考

前章では、様々な「しくみ」についてお伝えしてきました。いかがでしたか？

知るだけで、心が軽くなったり、苦悩が終わった方も、いらっしゃるのではないでしょうか。

本章では、いよいよ、世の成功者も求めてやまない境地、すべてを受け入れられる、揺るがない「不動心」と、「無条件の幸福感」で、日々生きられる、『真の思考法』をお伝えしていきます。

1 二元思考を超える！
～苦悩・葛藤からの解放～

前章で、苦しみやマイナス感情が湧く原因として、「二元的な思考」と、「結果追及型思考」の話をしました。まずは、あなたが「真の成幸」を手にするために必要不可欠な、「二元的な思考を超える」ことについてお伝えしていきます。

多くの人が、あまりにも無自覚に行っている「日常に起こる出来事を、毎瞬、毎瞬『良いこと』『悪いこと』に分けて、ジャッジする行為」。これが、あらゆる「苦しみの元」だということ

実は、そもそも、この世の中に、「『良いだけ』『悪いだけ』で存在しているもの」なんてない。だから、「良い」「悪い」を気にすることに意味がないということ

これらは、前章でお伝えしたとおりです。

ここまで読んでこられて、もしかしたらあなたは、「良い・悪いがない」と聞いても、「えー？　良い・悪いは、絶対あるでしょう！」と、なかなか信じられなかったり、あるいは、これまでも、どこかで聞いてきて、『良い・悪いはない』って、頭で知ってはいた。けれど、それでも無意識に『良い・悪い』を気にしていたなぁ……」って、気づかれた方もいらっしゃるかもしれません。

どちらの方も、それでも大丈夫です！

更に、進んでいきますね。

最初に、繰り返しになりますが、「この世に、純然たる『良い・悪い』はない」ことを、また改めて、お伝えします。あなたも、知っていらっしゃると思います。

「失敗の中にも、必ず学びがあり、それは次の成幸のタネ」になるということを。

「挫折したからこそ、人の痛みがわかったり、人間性に深みが出たり」しますよね。

もし仮に、「失敗をまったくしたことがない、『親や権威に守られたままの人生』を最後まで送れた」としたら、どんなことが想定されるでしょうか。もしかしたら、「人の痛みに寄り添える優しさや、自分の足で立つ喜びを知ることができない」かもしれませんよね。

病気もそうです。病気の中にも、「家族の絆」が深まったり、もう無理しないようにしようと「生き方を変えるキッカケ」になったりと、良いことがあります。もし、まったく病気をしなかったら、無理していることにも気づかずに、金属疲労して、「突然過労死!」なんてことにもなりかねないですよね? だったら、「病気をして良かった」、という見方もできます。

要は、悪いと思えることの中にも良いことが、良いと思えることの中にも悪いことがある、すべては両方が混ざり合って存在している、という「しくみ」なのです。

もし、あなたが、これまで数々の学びをしてこられて「良いも悪いもない」ことを、なんとなく、知識として、ご存じなのに、日常で「心からの幸せ」を感じることが少ないとしたら、「良いも悪いもない」が、頭だけの理解に留まっています。

だから、ハッキリ腑に落とし、身につけて日常に活かすことが必要です。もし、ハッキリ腑に落ちて、この思考が身についていたら、「良い（と思える）こと」「悪い（と思える）こと」に振り回されず、いつもその出来事の奥にある「愛」を見ることができて、しみじみと幸せだからです。

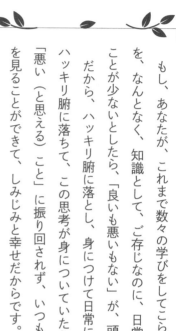

失敗や病気の例を挙げて、簡単に触れましたが、もう少し詳しくお伝えしますね。
多くの人が、「失敗は悪いこと」「病気は悪いこと」「あの人にこう言われたのは悪いこと」「あの人がこうしてくれたらいいのに、してくれないから悪いこと」……等と、絶えず目の前の出来事や相手を「良い・悪い」で、判断しています。
でも、先ほどもお伝えしたように、失敗にも病気にも良いこともあります。
また、人間関係で、一見悪いように思えることが起こったとしても、そこから、「それがどう展開していくのか？」は、それをみている人の見方・捉え方に委ねられています。その出来事自体に、「良い・悪いってない」のです。「クレームは、最大のチャンス！」だったりしますし、「ケンカは、お互いに本音を言い合えている」ことでもあります。「雨降って地固まる」という言葉もあるように、その出来事があったからこそ！　という展開は、たくさんありますよね。

さらに、多くの人が「死」を忌み嫌い恐れますが、果たして死は、忌み嫌わなければならない怖いものなのでしょうか？　人は誰しも、もれなく、生まれ落ちた瞬間から死に向かって歩き始めます。そもそも、必ず誰にでも公平に訪れる「死」を「忌み嫌う」ことに意味がない……。恐れている時間があったら、「生まれてから死に至るまでの刹那」刹那のその時間を、自分がどう過ごしたいのか⁉」そちらに想いを馳せて、悔いなく生きることではないでしょうか。本当の「成幸者」は、限られた時間だからこそ、そこにある輝き……「その輝きを愛おしみながら時を過ごすこと」に、フォーカスしています。

ドライフラワーはずっと枯れませんが、それはそれで、時として味気なくなる時があり、生花は短命ですが、だからこそドライフラワーにはない、何とも言えない輝き・魅力があったりしますよね。

いくつか例を挙げてお伝えしてきましたが、すべてにおいて、「良い（だけの）こと」「悪い（だけの）こと」なんてない、ということが伝わったでしょうか。

コップを見る時に、真上から見るのと、横から見るのと、真下から見るのと、斜めから見るのでは、同じコップであっても、まったく違うように見えますよね。日々起こる出来事も、見る角度によって良い面や、悪い面……様々あるのです。なのに、あなたのフォーカスによって、その出来事が勝手に「良いこと」「悪いこと」として収束していくのです。

そうだとしたら、幻想の「良い」「悪い」に振り回されるのは、もう、終わりにしませんか？

そしてあなたに、「それをどう見るか？」の全権が委ねられているとしたら、「愛」を見ていきたいと思いませんか？

2 中庸も超える 〜ハート奪還！　無味乾燥な毎日からの解放〜

頭ではわかっていても、二元を超えるのは本当に難しいです。そこで、多くの人が行こうとするのが、「中庸」です。いえ、「中庸で二元を超えられると思っている方があまりにも多い」と言ったほうが適切かもしれません。

一般的に、中庸とは「偏ることなく、常に変わらないこと。過不足なく、調和が取れていること」とされています。そこから、「道徳的に良い、バランスが取れた、中立な立ち位置で、心穏やかでいようとする」、そんな実践をする人を、わたしは時々見てきました。

「山にこもって内観修行して、『よし！　もう心乱れないぞ！』と、そんな境地に至って下山。しかし、あーやっぱり妻に腹が立つ！　まだまだだ！　よし！　もう一度、上山してやり直しだ！」みたいな話をしている人もいました。笑い話ともとれるような内容ですが、やっているご本人は、いたって真面目に、これをされていました。

ここで、ちょっと感じてみていただきたいのですが……。
「どんなことにも、心乱れなくなる」なんて。
このこと自体に無理があると思いませんか？
そして、仮にもしそんな風になったとしても、なんだか味けないと思いませんか？

誰かを愛したら、その愛している分だけ、相手の言動が気になるのです。傷つくのです。守りたいものがあればあるほど、闘いの気持ちが生まれるのです。
すべてを消し去る穏やかさを身につけることは、あなたの人生ドラマの醍醐味を、無味乾燥にしかねません。心乱れてもいいんです！ ただ、「心乱れて、苦しむだけで終わる」のではなく、「心乱れているその奥にある愛」を、同時に見つけてあげればいいのです。両方を味わう。愛おしむ……。

この視点で生きられたら、「輝きたい！ 充実したい！」と、「キラキラな、他の誰かのようになろう」としなくても、**実は、あなたはもうすでに「キラキラとした素晴**

らしい日々を送っていた」という結末なのです。

そして、そもそも人生にも自分にも、人にもこの世にも、常に波があります。人生、山あり谷あり！　だから、それに合わせて、心が波立つのは当然のことです。ましてや、「イライラしている人がいると、こちらまでイライラしてくる」ように、わたし達の内面意識は、常に反応・影響しあっていますから、やはり、心は波立つものです。もし、穏やかでいよう、怒らないようにしよう、ほどほどでいようと、「中庸」であることを求めているとしたら、そのこと自体がそもそも無理なのです。

こう言うと、「波立って、翻弄されて、そのままでいいのですか⁉」と聞かれそうですが、そうではありません。そもそもすべては波なのですから、サーフィンのように、その波を「愛しか見えない目」で波乗りして愉しむことができたらどうですか？というご提案なのです。

実は、「二元思考」も「中庸」をも超える、次節でお伝えする「新しい思考」を手に入れると、本当の意味で愛あふれる……永い間、あなたが求めていた世界で暮らすことができます。

では、更に続けます。

そもそも、仮に、心波立たないように「穏やかに＝感情を抑える（切る）」ことができたとして、それで本当に幸せでしょうか？　押さえつけたバネは必ず弾けるように、その抑えた感情は、必ずどこかで爆発します。「あんなに大人しかった人がなぜ……？」といった事件後のインタビューをテレビで見かけることがありますよね。そんな事件を目にする度にわたしは、「もっと早く、小出しに出せていたら、この人は、爆発しなくてすんだかもしれない……」と思います。

家庭でも、職場でも、友人関係でも、ガマンして、ガマンして、ガマンしていると、もう、堪忍袋が切れた時に、大爆発……しますよね？

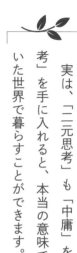

先述しましたが、「わたしは怒るとひどいから、怒らないように怒らないようにと抑えているんです。けれど、どうしてもひどく怒ることがやめられないのです」と、悩んでいた方。この方は、「怒らないように、怒らないように」抑えていたから、爆発して怒る時ひどくなってしまっていたのです。

わたしはこの方に、「怒ってもいいですよ」と伝えました。小出しに怒れば、ひどくならなくてすみます。

ただし、その怒りが人に向かうと、その人との間に葛藤が起こって、結局大変になりますから、自分で自分に怒ることを許して、何らかの手段で、その怒りを出し切れるといいのです。たとえばプラスチックのタッパーを思い切り床に投げつけたり、一人カラオケボックスで叫んだり……（笑）。

ここで大事なのは、「自分が怒ることを、自分が心から許す」ことです。それさえできたら、他者に対して怒らなくて済むのです。つまり、怒りを抑えて中庸に行こうとするのではなく、むしろ逆！　怒り切らせてあげるのです。そうすれば結果的に、「行為としての怒り」は解消されるという逆説なのです。

感情はエネルギーです。これまでに、精神世界や自己啓発など学んでこられた方の中には、「出したエネルギーは自分に返ってくるから、怒りを出すと負のエネルギーが自分に返ってきて、悪いことが起こるのではないか」と心配される方が、いらっしゃいます。

けれど、大丈夫です。同じ「怒りの感情を出す」という行為であっても、それが「何かを悪として怒りをぶちまける」のか、「自分への愛で、感じていることを発露させてあげる」のかでは、まったくエネルギーが違うからです。

出どころを間違えなければ、悪いエネルギーにはなりません。

「ですから、そうだからこそ、注意も必要です。」

これは、「同じ行為・行動でも、その出どころによって、返ってくるエネルギーがまったく異なる」ということですから、その行為・行動の出どころに気をつけましょう。様々な学びの現場で、「微かな捉え違い」で苦しんでいる人がたくさんいます。こういうこと一つ一つを、本当に気をつけなければ、逆に不幸になってしまうので要注意なのです（学べば学ぶほどにひどくなる人は、この微かな捉え違いをたくさんしています）。

同じ行為・行動であっても、出どころのエネルギーが違うのですから、返ってくる結果も当然違うのです。恨みつらみなどの怒りのエネルギーで怒れば、マイナスが増幅されて返ってきます。もし、他者に向けてその怒りを放ったのなら、他者の中で増幅された感情の跳ね返りも受けて、かなりのダメージになります。しかし、自分への愛で、自分が感じていることを思いきり感じさせてあげる出し方は、愛が起点なので、「愛」が返ってきます。だから、安心してください。ご自分への愛で、できることなら自分の中で、どんな感情も出し切らせてあげたらいいですよ。

ですから……、もし、あなたが、これまで「おこりん坊で、周囲に爆発してきた」としても、大丈夫です（故意に、悪意でやった場合は除きますが、そうでなければ）、あなたは、何も悪くない。この世界はすべて、本当は誰も悪くないのです。もし、悪いものがあるとすれば、それは、自然に発生させていい感情を「抑え込む」ことだったのです。感情はエネルギーですから、抑え込んでしまえば必ずどこかで爆発することになる。これは、自然の摂理です。

では、更に、いきますね。

もし、自分の負の感情を許せず、小出しにも出せなくて、万が一、爆発して、ひどく怒ったり、激しく泣いたり、してしまったとします。そんな時も、凹まないでくださいい。それができることも、実は、悪くありません。「もっとひどい事態を招く」ことからすれば、素晴らしいことなのです。

実は、抑えつけた感情は、感情エネルギーとして出せなかった時、どうなるかというと、それは時として、病気や事故、事件といった、何かしらのトラブルとなって噴出する時があります。「えー？　そんなことあるのー？」と思われるかもしれませんが、わたしは、日々、現場で、数々の事例を見続けています。なんらかのトラブルを抱えている方が、内面をクリアーにすると、仕事、お金、人間関係、健康……どんなジャンルであれ、外面（目の前の現象）が解決し、クリアーになっていかれるのです。

これは、内面と外面がつながっていることの証明だと思わざるを得ません。

「あなたのしくみ」のところでもお伝えしましたが、人は無意識の思い込みと、無意識に発生させ続けている感情エネルギーの振動数で、現実をつくり続けているのです。

では次に、感情を抑えるのを通り越して、「感情を感じることさえ切ってしまっている人」について触れていきます。

世の中には、感情を切っている人が少なからずいます。意識的にせよ、無意識にせよ、日常で起こる出来事が辛すぎて、自らを守るために感情を切ってしまった（＝感じることを放棄した）人たち。その人たちは「自ら血を通わなくさせることで、傷つけられても痛くない」という状態をつくり出し、何も感じなくすることで、懸命に身を守って生きています。

でもそれは、その場しのぎの痛み止め。応急処置としてはいいかもしれませんが、そんな状態で生きているのって、まるで「ゾンビ」のようです。

せっかく生身の体でいろいろな体験を通して、ワクワクドラマを楽しんだり、負の出来事を経験して魂を成長させたりと、「人間の根っこを深くする」ために生まれてきたのに、自らゾンビになって「生まれてきた目的」を放棄していては本末転倒です。

しかもそうやって、負の感情を切って自分を守っているつもりでも、実はそれが逆に、その人を不幸（＝「幸せ」を感じられない状態）にしています。実は、負の感情を切ると、正の感情も切れてしまいます。ですから、痛みを放棄したら、なんと、喜びも手に入らないのです。感情を切るということは、苦しみを表面的に、通過させることができる代わりに、喜びや幸せも、表面で素通りさせてしまい、決してそれを味わうことができない（＝幸せを感じられない＝幸せになれない）という「しくみ」なのです。


ここまで読まれて、どうですか？　もしかしたら、「あー、なんとなく生きていて、生きるために生きていて、わたし、ゾンビなのかもしれない」と思いましたか？

それとも、「へー、大変な人もいるんだなぁ」って人ごとのように思いましたか？

ともあれどちらの方も、これから感情を抑えたり切ったりしないことをお勧めします。


抑えれば、爆発！

切れば、ゾンビ！　です（苦笑）。


あ！　あなたがゾンビかどうかのバロメーターがあります。それは、

「自分が、何が好きなのかわからない」

「自分が、何をしたいのかわからない」

と感じることが、あるかどうかです。
そんな思いを抱えた方々が、わたしのところにたどり着かれることもよくあります
が、こういう方々は、紛れもなくゾンビです。

「自分の好きなこと、やりたいことがわからない」人は、もう日常的に、「『何かやりたい』と感じても、『そんなこと無理でしょ！』『そんな夢みたいなこと言っていても生きていけないのよ』」みたいに、瞬時に、自分のハートを禁じて、頭で抑え込んでしまっています。だから、もう、ハートが死んでしまって、感じることができなくなっている。頭優先を続けていた結果、ゾンビになってしまったのです。

こんなことを聞くと、「えー!? じゃあ、自分のハートを優先することですね！」「ハートが叫ぶから、こうします！」って、怖いのにいきなり仕事を辞めたりする人がいますが、それも違います。

これまでわたしは、学びの途中で通過してきた数々の現場で、時折、そんな人を見てきました。しかし、そうしたことで却って、状況が悪化する人も少なくありませんでした。それは、経済的余裕の範囲内を超えて仕事を辞めてしまったことで、不安・恐怖のエネルギーが大きくなったから招いた結果です。量子論的に言えば、すべては、出したエネルギーが、現実として収束する。ですから、不安・恐怖が大きくなるようでしたら、最初から、大きなことはやめてくださいね。小さなことから実践していけばいいのです。

少しずつ、少しずつ、あなたなりの無理のないところから、ハート優先に切り替えていき、ハートの力を取り戻していくのです。するとやりたいことが感じられたり、やりたいことへの応援が入って道が拓いたり、ハートフルな人生にシフトしていきますよ。

補足ですが……、

これまであまりに頭優先で生きてきた人は、ハートが瀕死状態ですから、「日常の小さなことから『ハート優先に切り替える』って言われても、そもそもハートが何も感じないです……」って、なっているかもしれません。
その場合は、まず、嫌なことからやめていきましょう。

いいですか、自分に嫌なことはさせないのですよ。

「えー、そんなことやっていたら、わがままになりませんか?」「嫌でもやらなきゃいけないことあるでしょう⁉」と、また思う人もいるかもしれませんが……。でも、あなたが嫌なこと、ガマンをやめることが、実は、社会貢献につながるのです。「なぜ嫌なことをやめていいのか」「なぜ、やめることで周りに貢献にできるのか」そこを書き出すとまた長くなりますので、知りたい人は、ビデオブック『ガマン大迷惑の法則(Ａｍａｚｏｎ)』を参考にしていただければと思います。

更に補足ですが……「嫌なことをやめる」と言っても、あまりに重症な頭優先の人は「嫌なことさえわからない」という状況になっている場合があります。そんな人は、まず「自分は、これは嫌なのだ」と、気づいてあげる必要があります。途方もない道のりに見えるかもしれませんが、大丈夫です。そこから一歩踏み出しましょう。必ず、あなたのハートは息を吹き返します！

わたしの元へ来られる方の中には、初め「そもそも自分が、何が好きか……、いえ、何が嫌いかもわからないです」という、ハート重症患者さんが結構おられます。しかし、この小さなことから始めていくだけで、最後には見事！「ハートが羅針盤の生き方」に、切り替わっていかれますから、どうぞ安心してくださいね。

もしあなたが、「自分が嫌なことさえわからない」状態だとしたら、日常で「モヤモヤする」時がチャンスです。何かモヤッとしたら（それも感じられないとしたら、気持ちが「心地よさ」を感じていない時は）、「本当はこれ、

わたしは嫌なのかもしれない」と気づいてあげる、そんなことから始めても
らっても大丈夫ですよ。

ここで、ゾンビの話に戻ります。もしあなたが、負の感情は感じたくないから、感
情を切って身を守ってきたゾンビだったとしたら、この辺で、人間に戻りませんか？
大丈夫です。生身の人間に戻れば、血が吹き出して痛いこともあるかもしれないけ
れど、それと同じ分だけ、はち切れんばかりの喜びも手に入ります！

どちらも受け入れて、波乗りを愉しむ！　それが人生！

あなたは、あなたが主役の壮大な映画を、今、目下、上映中なのです。これまで感情
を抑えてきた、切ってきた、そんな人は、それさえも映画のシナリオとして完璧です。
「この本に出会ったのをキッカケに感情を取り戻し、これから先の人生は、起こる感
情のすべてを味わい愛でられるようになり、それまで感じられなかった分、感じる喜

びにあふれながら、後年、豊かな人生を送ることができた」という、素敵なエンディングに向かっている最中なのです。

ゾンビだった人は、人間に戻れば、血が吹き出して痛いこともあります。「今もうすでに、『二元思考』と『結果追及思考』が炸裂している人間の人」は、元々、葛藤がうずまいていて痛いと思います。でも、安心してください。次節で、日常生活で感じる痛みに、「痛み止めの応急処置」ではなく、「根本治療できる方法」をお伝えしていきますから！　これを身につけたら、本当の意味で、映画よりもドラマティックな人生を送ることができます。

「プラス思考」も「マイナス思考」も「中庸」も超えた、「まったく新しい思考！」。これで生きると、人間らしくいろいろな想いも湧き上がり、決して、心穏やかばかりではないけれど、「良い・悪い」という二元を超え、どんな感情も味わい愛でることができる（＝起こること、すべてを愛おしむことができる）ようになります。

どんな人生の荒波も、ビッグウェーブ！　波乗りをして愉しめる境地。たとえ「悪いこと」のように見えることでも、その奥にあるプラス（＝愛）が瞬時に見えるので、それは、もはや「悪いこと」ではなく、「良いことも悪いことも混ざり合わさったプラマイゼロの世界！」

しかもそのゼロは、何もないゼロではなく、ゼロ磁場のようにプラスもマイナスも、両方の大きなエネルギーを併せ持つ、なんでも生み出せる創造の場。いろいろな感情を愉しみつつ、いかなる出来事にも翻弄されない、愛しか見えない世界です。

そこは、「良い（と思える）こと」「悪い（と思える）こと」、どちらか片方だけを求めたり、嫌ったり、拒絶したり、抑えたりすることなく……、どちらも丸ごとそのまま愛おしめる世界。

その世界で暮らせる思考を、
わたしは、「真！　ニュートラル思考」と、名付けました。

3 真！ ニュートラル思考
～被害者・加害者・ハラスメントの終焉～

わたしは、幼少期からの生い立ちのお陰で、深く真理を探求せずにはいられませんでした。子どもの頃から、哲学書、偉人伝、自己啓発本……あらゆる書物を読み漁り、周囲の大人も驚いていていました。そこからウン十年（笑）、ずっとその探究心は止まるところを知らず、成功法則、心理学、気功、風水、ヨガ哲学、各種宗教、量子論……書き出せばキリがありませんが、国内外を問わず、あらゆるものに触れ続け、「これは人が幸せになるために本当に有効なのか？」と、実践と検証を繰り返してきました。

そしてある日、とうとう、大きな気づきにたどり着いたのです。雷に打たれたような衝撃でした。それは何かというと、

「これまでの書物、考え、教え、学び……

「すべてのものが『そもそも苦悩が存在する』ところからスタートしている！！！」

というコと。すべての学びが、そもそも「目の前に苦悩はあるもので、それをなんとかしようとする話だー！！！」と、気づいたのです。

もしかしたら、あなたは、「え……？　何が衝撃なの？」と、ピンとこられないかもしれません。それくらい、わたし達は当たり前に「苦悩が存在する」と思い込んでいるのです。この本を、もし読み返されることがあった時には「あぁ！　なるほどー！」と、感じていただけるかもしれません（笑）。

最初に、大前提の話をします。

「この人は、こうだ」「あの人は、ああだ」「仕事って、こうだ」「お金って、こうだ」「男って……」「女って……」「わたしって……」「俺って……」と、すべてにおいて人は、

「自分がそうだと思った世界をつくって生きている」ことを前章で、お伝えしました。
たとえば「自己否定がある人」は、否定される人生、否定したくなる人生を、「自分が大好きな人」は、周囲から愛され、周囲を愛する人生を送っています。なんとなく、わかりますよね？

子どもの頃から周囲に愛されて育った人は、自己肯定感が高く、その「自分を肯定している認識」が、その人自身の行動や雰囲気としてかもし出されて、周囲からも肯定的に見てもらえます。
しかし、子どもの頃から否定されて育った人は、自己肯定感が低く、その「自分は、ダメな人間だ」という認識が、その人自身の行動や雰囲気としてかもし出されて、周囲からもダメ人間として扱われます。

ただこれは認識だけなので、周囲から否定されて育った人でも、自ら学び、根っこを深く掘り下げ理解し、「自分が自分を肯定できる」ところまで到達できた人は、もちろん肯定的な人生を送っています。だから環境が原因ではなくてその環境によって、自分がどう認識したか？　が、その人の人生を形成する要因なのです。

アル中の父親の元で育った二人の兄弟のこの話、ご存じでしょうか。
片方はアル中になり、片方はアル中にならなかったのですが、インタビューを受けて、二人はこう答えていました。

質問者　なぜ、あなたはアル中になったのですか？
兄　父親がアル中だったからだ
質問者　なぜ、あなたはアル中にならなかったのですか？
弟　父親がアル中だったからだ

おもしろいですよね。同じ状況下でも、二人は真逆の人生を、歩んでいるのです。

時々、誰かのせい、何かのせい、にする人を見かけます。その人は、本気で、そのせいで「自分はこうなった」と、思い込んでいます。でも実は、そうではないのです。その「誰か」や「何か」を、自分がどう見たか（どう認識したか）、その見方（捉え方）が、その人の人生をそうしているのです。

状況そのものではなく、
「自分がその状況を、どう見たか」が、
人生に多大なる影響を与えている。

また、その人が「そうだ」と信じてしまえば、たとえそれが真実でなくても、真実になります。

「そんなこと言ってないよ！」と伝えても、「いいえ、どうせわたしが悪いんでしょ！」とガンとして聞き入れない人って、時々いますよね。話が噛み合わない感じ。

これは、その人が絶対に、「あなたは『わたしが悪い』と言った」と、信じて疑わないから起こります。あなたは、本当にそんなつもりで言っていないのに、でも、それはあなたの真実であって、相手は、相手の受け取り方で受け取った、それが真実になっているから噛み合わないのです。

信じたものは、たとえ嘘でも真実になる。

何かもめごとがあった時に、「どっちが言っていることが本当なんだろう？」って、よく真実探しをしますよね？　でも、これも、泥沼化してしまいます。片方を真実、としてしまうと、必ずもう片方は承服しません。真実として採用されなかった方は、根に持ち、恨み、後々にわたって、禍根さえ残しかねません……怖いですよね（笑）。

じゃあ、どうしたらいいのか？

それは、「どちらも真実」だと知ることです。その人からしたら、それが真実なのです。どちらも、真実なのです。どちらが良いとか悪いとか、どちらが正しいとか間違っているとか、そんなこと、もうどちらでもいいじゃないですか。

そんな二元思考は軽やかに超えて、

「あなたからしたら、そうなのね。わたしからすると、こうなのよ」

「なるほど！　立場が違うから、そっか、あなたからすると、そうだったのね！」

ってノージャッジで、お互いがお互いの気持ちを、ただ受け取り合えばいいのです。

すると、調和が生まれて、その時に必要な妙案が浮かぶなど、事態は勝手に解決の方向に向かっていきます。これはわたし自身もそうですし、わたしの元に集う多くの方々も、日々、体験してくれていることです。

真実は、人数分だけある。

それが真実。

これを知り、ただ相手の主張を受け取り合う、という実践をされた方たちは、相手との間に調和を生み出し、起こる出来事をすべて、最適な結果に収束させていかれました。

「善・悪」についても、もう少し触れておきましょう。

巷では、「どっちが悪いの?」って、よく「犯人探し」をしますよね。でも、これも泥沼化します。「どっちが悪いの? 誰が悪いの?」ってやっても、実は、「どっちも悪くない」からです。そこにあるのは、お互いの事情です。

Aさんからしたらそれがよかったし、そうするしかなかったのかもしれない。

Bさんにしたら、それは嫌だったし、もっと違う風にしてほしかったのかもしれない。「ただ、それだけ」だったりするのです。

本当に、どっちが善とか悪とか、ないのです。この思考が、世界に広がっていけば、世の中に被害者も加害者もいなくなるし、誰も悪くない、平和な世界が実現します。

故意に悪意を持ってなされる場合は別ですが、そうでなければ、本当に誰も悪くないのです(ただ、もし悪意からなされたとしても、「愛が叶わず憎くなってやった」としたら……悪意さえ愛に帰結する場合もありますけどね)。

少し余談になりますが、悲しい事件になるような出来事ってありますよね。

たとえば、いじめ。いじめは、子どもの話だけではなく、職場や家庭など、大人になってからもあらゆるシーンで存在している、と言っても過言ではないと思いますが、これも多くの場合「犯人探し↓加害者に謝罪させる、させたい!」みたいな感じで、人は行動しがちです。

ですが、これでは根本的な解決にはなりません。実は、そこには、「意識のつながりあい」も、あるからです。

どういうことかというと、たとえば、ケンカをして罪悪感を持っていると、相手にグチグチ言わせてしまいます。でも、ケンカしても一切罪悪感なし、「お互いの気持ちが伝え合えて良かったね♪」みたいにケロっとしていると、相手も「ぷっ」と笑って元に戻れたり、「ぷっ」とまではいかなくても、「ま、いっか」みたいに、元に戻るのは早いです。ジメジメしているほど、長引きます。

何か加害されたと感じて「被害者意識」を持つと、自分も苦しいし、誰かを恨みたくなります。すると、今度は、その恨みを晴らしたくなり、相手を加害したいと思い始めます。そう、「被害者意識」は「加害者意識」に転じる可能性大なのです！

いじめられっ子が、相手の名前を書いて自ら命を断つ。すると、そうされた加害者は、一生、その罪を背負って生きる被害者になる。そんなことをし合っていて、誰が幸せになるのでしょうか。世の中で騒がれるような大きな事件ではないにしても、一人ひとりの日常の中で、ささやかな悲しい事件は、日常茶飯事となり続けています。

だとしたら、そんな悲しい事件を早々に終わらせるために必要なのは、「罪悪感」や「被害者意識・加害者意識」を早めに終わらせることだと思いませんか？　よかったら、これを読んだあなたから、もし、自分の中にそんな意識が起こったら、それを癒やし、終わらせていきたいと、少しずつでもいいので思ってみてもらえませんか？

意識のつながりあいから見ると、自らの被害者意識を癒やせば、人から加害されることがなくなります。すると自分も安心ですし、それは、加害者を生み出さない立派な社会貢献になります。わたしや、わたしの元に集う方たちは、この被害者意識を癒やし終わらせていくので、日常で責められたり、攻撃されたりすることが本当になくなっていきます。もし、学びが必要なプロセスの人（＝今は未熟と呼ばれるステージの人）から、何らかの攻撃的な言葉を受けることがあったとしても、被害者意識が癒えている人は、至って普通に、その人の学びとして、動じずに受けとめ、見守ることさえできるようになっていかれます。それは、被害者意識の増幅を抑止しているので、相手を必要以上の加害者にせず、事態は穏やかに収束していきます。

わかりやすい事例がありますので、こちらの話も追記しておきます。

先日、職場の「ハラスメント研修」について、話をしてくれた方がいました。研修で「自分に悪気がなくても、相手が『傷ついた』と感じたら、それはもう立派なハラスメントになります。気をつけましょう」みたいなことを、教えられたそうです。でも、彼女は、わたしのところで、「真！　ニュートラル思考」に触れていらっしゃったので、「それって、変ですよね！」と言ってきてくれました。

そうです。それは変です。だって、それでは、「わたしも傷つきました」「わたしも！」「わたしも！」って、被害者が増幅&増長していきます。本来、ハラスメントを減らしたり、なくしたりするための研修なのに、逆に、ハラスメントを増やしてしまう……。本末転倒だと思いませんか？

だから、そうではなくて、「心が痛い。傷ついた」と感じる人がいた時には、その人の内面に「その痛みを感じさせる……、その出来事に反応する……傷がある」と、まず知ってください。そして、その傷を癒やすことにフォーカスするのが、ハラスメント根絶に必要なことです。

自己否定がある人は、どんな言い方をされても「否定された」と、とってしまいがちです。それを、悪い目で見るのではなく、「そうだよね。自己否定があったら、そんな風に感じてしまうよね」と、理解してあげたうえで、「じゃあ、その自己否定を癒やしましょうね！」って、傷を治してあげるのです。そうしたら、それ以降、もうその人は、同じ類のことでは、傷つかなくなります。それが根本的な解決です。

わかりやすい事例で言えば、たとえば、仕事で単に「今度からこうしてね」と言われただけで、「これまでのやり方を否定されました」とか、「あの上司、自由にさせてくれない！　わたしを尊重してくれない」などと、拗ねてしまう人っていますよね。こちらからしたら、「業務上、そういう風にしてもらったほうが円滑に進むから、『今度からそうしてね』って、お願いしただけ」の話なのに、訴えられれば、まさかのハラスメント上司にさせられてしまう……。そんなの不毛ですよね（涙）。

なぜ、こういうことが起こるのか……というと、それは、「傷ついた」と拗ねている人の中に、自己否定があるからです。自己否定がなければ、「今度からこうしてね」と言われた時、「りょうかいです！（心の中では、そのやり方について「どうかなぁ……」とか、仮に少し思うことがあったとはしても）わかりました、やってみましょう！（みたいな感じ）」で終わります。その「こと」には意識がいくけれど、「自分が否定された」には、意識がいかないのです。

明らかに悪意を持って為される行為は別として、そうでなければ、ほとんどの出来事が、誰もどちらも悪くないのです。

もし悪いことがあるとすれば、『傷つけられた』と感じる人側に、心の傷がある」ことなのです。そして、もし、まさかの自分が「悪意をやめられない」としても、それも「心の傷がある」からなのです。

ケガをしていなければ、海に入っても痛くないですよね。でも、ちっちゃな切り傷でもあれば、海水は滲みる。刺すような痛みを感じるのです。「わたしは認めてもらえない」「わたしは価値がない」「わたしは愛されない」……etc。そんな心の傷を抱えていたら、人生という大海の中で（＝職場・家庭・異性・友人関係といった、日常の出来事の中で）、痛みを感じて仕方がないのです。

だから、本当にハラスメントを終わらせたかったら、「人を傷つけないようにしましょう」ではなくて、「傷ついた（と感じた）人の、心の傷を癒やしてあげましょう」なのです。アプローチは、犯人撲滅ではなくて、被害者撲滅（＝被害者の癒やし）なのです。

いろいろ、余談になってしまいましたが、今の社会を見渡すと、本当に本末転倒なことばかりで、切なくなります。根本的に解決できるのに、その方法を知らないために、人は傷を増幅させあって暮らしている……。

だから、この本を書くことにしました。

よかったら、少しでも共感していただけるなら……。

これを読んだあなたから、「善・悪」で、物事を判断して、被害者意識に苦しんだり、悪を懲らしめようとするのではなく、傷つけられたのなら、自分の傷を癒やす方向に向かってほしいのです（逆に、傷つけたい場合も、自分の傷を癒やす方向に向かってください）。

わたし達の意識は、つながっています。イライラする人が近くにいると、こっちまでイライラしてくるように、見えない意識は、見える現象として現れ続けてきます。

そのことに、わたし達はこれまで、あまりに無自覚に生きてきました。「勧善懲悪」「正義感」って、これまで「良いもの」とされてきたものが、実は、その意識は、争いを生み出すのです。あなたが正義側に立てば、相手は悪になる。相手が正義側に立てば、あなたは悪になる。ただそれだけで、本来どちらも悪ではないのに、戦いが終わらないのです。

誰も悪くない。
その人には、その人の事情が……、心の傷が……、その人なりの真実が……、あるだけなのです。

今、世界は混沌としていて、目覚めている人の中には、支配する側を悪の根元として、責める心を持っている人も少なくありません。しかし、攻撃のエネルギーを出したら、それが集合意識に蔓延して、争いが大きくなってしまいます。

「戦うなかれ……」。これは、これまでも言われてきた言葉ではありますが、本当にそうなのです。ただ、同じ「戦わない」という行為・行動であっても、じゃあ、「戦いを放棄して、屈することなのか」というと、そうではありません。それでは、プラスとマイナスの極から極に行くだけで、二元思考の範囲内です。

根本的な解決は、「戦う」も「戦わない」も、二元思考の範囲を超えた、「真！ ニュートラル思考」のゼロ磁場の位置で、みんなが内面をクリアーにしていくことです。

「敵は外にいるのではなく、自分の中にいる！」というのは、武術やスポーツの達人が、よく口にされる言葉ですよね。先述した、童話『青い鳥』の話も……。これらは、本当に、普遍的で汎用的だと感じます。

敵を、外に見出すのではなく、「戦う」も「戦わない」も、二極を超えたところで、何か、出来事や相手に心が反応するのなら、

一人ひとりが、その発生源である、
自分の内面意識をクリアーにしていくことなのです。

たとえば……、何か、悪を見た時に、その当事者を責めたくなったとしたら、一人

ひとりが、「自分にもそういうところがないか？」と、内面をクリアーにしていく。

人間誰しも、自分より下からこられたら、つい上から出てしまう、と思いませんか？　何でもすごく言うことを聞いてくれる人がいたら、ついつい甘えて増長しちゃったりしますよね。悪気はないけれど、「え？　この人、こんなにわたしのためにしてくれるの!?」と思ったら、ついつい、気づけば、あれも、これも……と、お願いしていたり……。

また、なんでもかんでも平謝りする人がいると、ドンドンその人に対して文句を言いたくなって、その人を、つい自分の気持ちの捌け口にしてしまったり……。悪気はなくても「つい……」と、そんな経験がある人も、少なくないのではないでしょうか？

わたし達の意識はつながり合っています。下からこられたら、つい上から出てしまうこともあるし、自ら、下に入れば、相手に上からこさせてしまいがち……。ガマンし過ぎれば、相手を増長させてしまうのです。
モンスターペアレンツ、という言葉が流行って久しいですが、世の中には、モンスター上司、モンスター妻、モンスター夫……ｅｔｃ。様々なハラスメントが蔓延していますよね。これも、実は、被害者側が下手に出て、ますます相手を増長させている、というケースが少なくありません。だから、モンスター側に対して、「やめてください」と言っても終わらないのです。被害者が、下手に入ったり、ガマンしたりすることをやめない限り、マウント（支配）してくる人は、マウントをやめないのです。

だったら、一人ひとりが、もし、自分の中に「下に入って身を守ろう。ガマンして事態が通り過ぎるのを待とう」みたいな意識を持っていたら、それをクリアーにして、相手に支配させないことが大切だし、もし逆に、「自分より下だと思う人がいた時に、『この人、わたしの要求なんでも聞いてくれる！』と、相手に少し横暴になりかけること」があったとしたら、意識的に、それをやめていく。

自分のなかの支配する、される、を終わらせることが大切なのです。

身近な家庭でも、たとえば、親は子を支配（自分の善悪でジャッジして、自分が思う「良い」を押し付けていたり）、子は親を支配（「絶対この治療がいいよ！」とか、自分が思う「良い」を押し付けていたり）、夫は妻を支配（俺の言うことを聞け！　とか）、妻は夫を支配（わたしはこんなに頑張っているのに、あなたはこうしてくれない……、と被害者な感じだけれど、実は、結局、自分の思う通りに動いてほしいと支配しようとしているカラクリとか）、そういうことをやめていくと、どうでしょうか。

わたしの元に集う方達は、勇気を持って、それらをやめていってくれています。すると、見事に！　家庭に、会社に、学校に、病院に……etc。真の平和が生まれ、そこに暮らす人たちの間に「本当の愛」が循環し始めるのです。「よかれ」の押し付けは、本当の愛ではありません。それは、その人の「良かれ」であって、相手からしたら、他人の善悪を押し付けられる「悪かれ（＝支配）」なのです。

わたしは、この、真！　ニュートラル思考で、地球を愛に戻したいと思っています。

もし、本節に綴られた内容を、少しでも「そうかもしれない」と思っていただけたら、**ぜひ一緒に、ささやかであっても、ご自分の中に「攻撃」や「支配」を見つけたなら、それを終わらせていきませんか？**

すると、あなたが、「愛し愛される……」、愛あふれる日常で暮らすことができる」のはもちろん、**それは世界平和にもつながります。外面は内面の投影。世界は一人ひとりの放つエネルギーの収束なのですから！**

少し、熱くなってしまいましたが（汗）、話を元に戻しますね（笑）。

そんな風に、人は認識で自分の世界をつくり、また互いにつくり合っています。

だから、冒頭でお話した、そもそも「苦悩ありき（＝苦悩がある）で世界を見れば、苦悩が存在し続ける」のは、当然だと思いませんか。「そもそも苦悩が存在する」からスタートしているすべての学問や方法論は、「苦悩」を存在させ続けてしまうわけです。何かを解決しようとすればするほど、それを「問題」だと認識し続けているので、皮肉なことに、その「解決しようともがく大きさ」に比例して、問題は大きくなり続けます。

だから！

「そもそも、それは苦悩なのか？」という問いが、
この世界から苦悩を終焉させる、唯一のカギ！

ラストピースになります。

「苦悩と認識してきたものが、実は苦悩じゃなかったー！」

そこに到るしか、苦悩って、終わらなかったのです。


なぜ、苦悩が生まれるのか。

それは、「良い・悪い」「正しい・間違っている」……そういった、二元的な思考で、ものごとを見るからです。

「真！　ニュートラル思考」は、
二元をも、中庸をも超える思考です。

その「ものごと自体」「相手自体」には、「良い」も「悪い」も、「正しい」も「間違っている」もない。

すべての出来事は、自分の中の「癒やされることを待ちわびている傷」を炙り出してくれる、ありがたい宝物だったのです。

その傷を癒やし、終わらせていけば、自分が楽になるだけでなく、すべてを許せ、受け入れられ、寛容になれます。本質的な愛の最上位は、わたしは、今のところ「寛容」だと捉えています。中庸を超えた、寛容は、あらゆる出来事、あらゆる人（未熟な魂）も、慈愛の目で、慈しむことができます。

苦悩は、「その出来事や相手を受け入れられない」から起こります。

日々、起こる出来事や、目の前の相手、自分の人生や、自分自身まで……ｅｔｃ。

あらゆることすべてを「受け入れ、許すこと」さえできたら、あなたの世界から苦悩はなくなるのです。

その出来事自体が「問題」だったのではなくて、それを「問題」と捉えていた思考だけが「問題」だったのです。

さぁ、あなたも、本質的な愛の世界で暮らし始めませんか？
そこは、お互いがお互いを、そのまま受け入れ合える、愛あふれる世界。
毎瞬、毎瞬、「生まれてきてよかった！　生きていることが愉しい！」を、実感できる世界です。

二元も中庸も超えて「真！　ニュートラル思考」に切り替えてしまえば、プラスもマイナスも、それをそのまま愛おしめる感覚を手にします。電池も、プラスとマイナスを合わせるから電気がつきます。日常で起こる「良いと思える」こと、「悪いと思える」こと、人生で起こった「良いと思った」こと、「悪いと思った」こと。

それらすべてが、実は、あなた自身の壮大なエネルギー源になっていたのです。

「真！　ニュートラル思考」で生きられるようになると、マイナスの奥にあるプラスを感じられるようになります。「憎んでしまったのは、愛があったから」だし、「自己否定するのは、自分が大好きだから」です。「病気をしたとしても、周りからの愛を受け取れるギフト」だったり、「騙されたとしても、それは自分が自分のハートを切り捨て、『自分が自分を騙していた』ことに気づけるギフト」だったりもします。

もう、この思考で生きれば、
愛しかない日常で、暮らすことになるのです！

愛は、求めても得られません。

なぜなら、**「愛を求めるのは、今、ない」と、思っているからです。**

健康な人は、「健康になりたい」と思いませんよね？　健康なのが当たり前すぎて「健康になりたい」なんて、頭にも浮かびません。だから、「健康になりたい」と思う人は、「今、健康じゃない（＝病気の）人」です。

であれば、「愛を求めている」ということは、自覚があるにせよないにせよ、「今、愛がない」と認識しているということです。この世界は、あなたが捉えたように（＝認識したように）できている世界。

だから、愛を求めて、どんなに学び実践しても、「今、ない」と認識している、それが現実化するのですから、どこまでいっても、愛は得られないのです。くしくも、「愛がないから、それを求め続けている」という、その「愛がない」現実がつくられ続けていくのです。

愛し愛されるために必要なのは
愛されようと頑張るのではなく、
すでにある愛が、見える目になること。

幸せになるために必要なのは、
幸せになろうと頑張るのではなく、
幸せを感じる力を育てること。

第4章

日常への処方箋～辛い時に読む詩《うた》～

第4章

日常への処方箋
～辛い時に読む詩《うた》～

もし、あなたが、第3章までの内容を、
「いいなぁ……」と、感じていただいたとしたら、本章では、
日常のいろいろなシーンでお役に立つ、「心の痛みへの処方箋」的に、
詩をプレゼントいたします。

これから先、何か、心が波立つことがあった時、
折に触れ、このページを開いてください。

きっと、あなたの心に効くクスリとなってくれるでしょう。

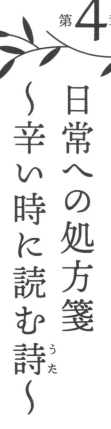

切ない時

会いたい人ほど 会えない
会えない人ほど 会いたい

歌の歌詞にもあったけれど
大好きな人になかなか会えなくて、会いたい気持ちが募ったり

そんなこと言ってないのに……
そんなこと言わなくてもいいのに……って

お互いの気持ちが通じなくて
心がキューーッと切なくなる時って、あるよね

そんな時は、その切なさの奥にある、
ステキな愛に気がついて！

そんなに苦しくなるくらい、その人のことを想っている
そんなに切なくなるくらい、大好きな人と出逢えている

切なさは、辛いけれど
でもそれと同じ大きさで、
その人のことを「そんなに愛している自分に」気づける

そんなに愛せる人と
今生で巡り逢えて、同じ時を過ごせている奇跡!!

だから、その奇跡を大切に、抱きしめてみて
一瞬で、幸せに包まれるから……

さびしい時、孤独を感じる時

一人ぼっちで さびしい時
孤独がどうしようもなく辛い時
なぜ、そこまでさびしさを感じるのか知ってほしい

実は、さびしさしか知らない人は
さびしさを感じることができないんだよ
充足感、満たされ感を知っているからこそ
「いま、さびしい」と感じることができるんだよ
さびしさしか知らなかったら、
さびしいのが当り前で、それが普通で、違和感がないから。

じゃあ
あなたが感じている、その、さびしさや孤独は、
それと同じ大きさで
充足感や満たされ感を感じたことがある、ということ

もし
もう会えなくなった人のことを想って辛いとしたら……
心にぽっかり穴が開いたようだとしたら……
そんなに大きな喪失感を味わえるほど
同じ大きさで、その人との日々が満たされていたということ
こんなに大きな充足感を与えてもらっていた奇跡……
そのさびしさや　孤独や　喪失感の奥に
これまでにもらっていた　大きな充足感があることを知る

その奇跡に目を向けた時、
そこには、大きな愛しか存在しない……

誰かが心配でたまらない時

あなたの大切な人は誰？
その人が心配でたまらない時　あなたはどうする？
心配な出来事が起こらないように
あれこれ その人に言ってしまう？
それとも
言えなくて飲み込んで、 自らを葛藤の渦に投げ込む？
どっちを選んでも苦しいよね

そんな時は
起こる出来事にジャッジするのをやめてみて
一見マイナスに見える出来事にも
実は必ずプラスがあるから

たとえば、
過酷な事件を経て人間の根っこが深くなったり
病気をとおして生き方を変えることができたり
　絆を深めることができたり
　お互いを大切にできるようになったり
失敗をとおして学んだり　経験値が上がったり
　失敗した人に心から寄り添ってあげられる人になれたり
一見マイナスに見える出来事には必ずプラスがあるから

だから　何があっても**大丈夫！**
大切な人が心配になったら
「心配」を「信頼」に変えてみよう

マイナスだけの出来事なんて
そもそもないのだから

怒りがおさまらない時

腹が立つよね！
怒りがおさまらないよね！
いいよ　思い切り怒ろうよ
あなたの立場だったら
怒りが湧いて当然だよ
その状況だったら
誰だって腹が立つよ
カラオケルームで一人叫んだり
後始末が楽なように、丈夫な袋に入れて
要らない食器を割ってみたり……ｅｔｃ

どんな感情もジャッジせずに抑えずに
思いきり許して、燃焼すると
すっーと、自然と、怒りがひいていくよ
そこから！　あなたの内面に向かいましょう

その出来事に言ってやりたいことは何？
バカにしないで！
どうせいつもわたしが悪いんでしょ
いつもわたしは仲間外れ……ｅｔｃ

それが、いつもあなたの現実を作り続ける
あなたの思い込み、心の傷

それがあるから
いつもそんな出来事が起こってしまうの
そこを解消しましょう！

鏡に映った寝グセは、鏡を直しても直らない
鏡（現実）に映し出された寝グセを直そうとするのではなく、
映る大元のあなたの内面・心の傷を癒やしましょう
（解消しましょう）

傷が消えると現実が変わる
生きたまま 生まれ変われるよ

嫉妬が止まらない時

なんであの人が選ばれるの？
なんで、あの人ばかりが、
いつもみんなに優しくされるの!?　etc
なんで、わたしは……
なんで、なんで、なんで……
悲しいね
辛いね

嫉妬が止まらない時は
まずは、思い切り、そう感じる自分を許して
その感情を、感じ切ってあげてね

そして、
そうやって感じ切って、フッと力が抜けた後に
この言葉を、そっと……感じてみて

あなたが、あなたを、選んでいますか？
他の誰かのようになりたいと、自分を見捨てていませんか？
実は、自分が自分にしていることが、
周りから返ってくるというしくみ

あなたが、あなたを、一番に選んであげていますか？

自分に愛がないと思う時

自己嫌悪
なんてわたしは、愛がないんだろう……

もし、今
あなたがそんな風に感じているとしたら
なんてあなたはステキなんでしょう！

本当に愛がない人が
自分に愛がないことを嘆くことができますか？

なんてわたしは冷たいんだろう！
そう思えるのは
あなたが温かいからじゃないですか⁉

本当に愛がない人は
自分の愛のなさを嘆くことはできない

自己否定が終わらない時

自分のことが大嫌い！
なんでわたしは、こんなに能力がないんだろう
なんでもっと社会で活躍していないの？
人生失敗してしまった
この年齢でこの程度なんて、本当にイヤ！……etc

もし、何か自分のことを否定しているとしたら
それはとても苦しいことだよね
自己否定を終わらせたいって
いろいろ学んでいるかもしれないし
自己否定する自分を更に否定して、
嫌っているかもしれないね

でもね

その自己否定……、あっていいよ

なぜなら

どうでもいい人のことを、そこまで嫌ったりできないでしょ？

通りすがりのあなたと関係ない人を、

「なんでそんなに能力ないの？」

「なんでそんな失敗したの？」なんて、

そこまで気にもしないでしょう？

なぜそこまで、自分を否定したくなるの？

なぜそこまで、自分をもっとステキな人で、

いさせたいと思うの？

目を閉じて、少しの間、感じてみて……

そう！　それは……

自分の価値がわからない時

わたしなんて何の価値もない
わたし、生きてる価値あるのかな
そんな風に思う時は
それは、あなたが「すごい自分」になりたい時
何かの結果を求めている時だよ

理想をつくると途端に自分がダメに見えるというしくみ
何も理想をつくらなければ……
「他の誰かのようになりたい！」と、自分を放棄しなければ……
いつしか無価値感から解放されているよ

「生まれたての赤ちゃんに何も求めない」ように……
無条件に、生まれてきてくれただけで、
そこにいてくれるだけで、心癒される存在として……

自分が自分に、その眼差しを向けてあげませんか？

いろんな体験をしたくて、
魂を磨きたくて生まれてきたのだから、
今、いろいろな体験をして、いろいろな想いを感じている……

それだけで、もう、すでに、
生まれてきた目的を、達成していた
＝すでに価値はあったのですよ

相手に愛がないと思う時
～愛しかない愛し方～

メールの返事がなかなかこない
大切にしてくれない……etc
相手の行動に何か言いたくなったら
それは「愛されたい」ばかりを、求めているサイン
すると、相手は苦しくなる
もちろんあなたも苦しくなる

でも捉え方を変えてみて……

こんなにメールの返信が待ち遠しいほど愛している

こんなに大切にされたいと想える相手に出逢えている
（どうでもいい人から大切にされたいと思わないでしょう!?）

この奇跡を感じてみる……

そして、あなたの中にある
相手への、想いや愛を抱きしめて、大切に過ごしてみる

自分の中にある愛を、相手を通して知ることのできる、豊かさ

愛は、相手からもらうものではありません
愛は、感じるもの

自分の中にある愛を……
相手を通して、感じさせてもらったその愛を……
自分の中で大切に愛おしんで過ごしていたら

ケンカや、本来別れなくてもいい別れは、起こらないのです

あなたの中にある愛を、大切に抱きしめて生きる

「あなたにそんなに愛があること」を知らせてくれる相手に
ただ感謝し

共に紡ぎだせる時間を、ただ楽しむ

これが、愛しかない愛し方……
幸せにしかならない愛し方……

自信がない時

未来は いま 刻々とつくられる
成っている未来から～現在《いま》に
刻々と与えられる　状況やひらめきがある

「本当の自分」を生きていたら
次々と開く扉
未来と現在《いま》の連携で
そのプロセスを、楽しんで進むだけ
その経験が　過去として、紡ぎ出される

状況が与えられ
ひらめきが湧き

ビジョンを見たら
その具現化に必要なことを
そのプロセスを　愉しんで進むだけ

できるのか　できないのかなんて
言っている時間が、あまりにも無意味

今回の人生は……
時は……
限られている

できるのか　できないのか……で　グルグルしても
まぁ、それさえも、体験だからいいけれど
「できるの？　できないの？」なんて
本気で、はまり込んで悩むのではなく
人間の機能として

「変わらないこと＝安定」を望む
脳の現状維持が働いているだけ、と知る
同じ悩むのなら
それを見破ったところから　悩みきってほしい

なぜなら
そうやって、悩み続けるのか、
（それは、そこに止まっていると安定が得られると思い込んでいるだけなのだけれど）
未知で不安はあるけれど
成っている未来との連携で、その道を楽しんで進むのか

あなたは、自由に選べるのだから
だから、「自ら、そちらを選んでいる！」と
自覚して体験してほしい

「したくないのに やめられない」
「したくないのに しなきゃいけない」
と思うことが人間の苦悩の始まりだから

できるのか できないのか
悩みたくないのに悩んでしまうのではなくて
自ら「そう悩んでいたい」とハッキリ自覚して悩みきってほしい

すると無自覚に「やめたいのにやめられない」と言っていた頃とは、
確実に、何かが変わるから……。次の扉が、開くから……

未来は
いま
刻々と紡ぎ出されている

辛い出来事があった時

「ああなりたい
こうなったらいやだ」
これがすべての悩みの原因だよ

暗闇の体験をすると
光の喜びを知ることができる

挫折すると
人の痛みがわかる人になれる
人間の根っこが深くなる

マイナスだけの出来事なんてない
すべては、プラスとセットになっている

すべてが実は宝物
本当は、すべてが愛で
本当は、愛しかないんだよ

クレームを受けた時

クレームを受けると、怖くなったり、嫌な気持ちになったりするよね
でもね、考えてみて
もう二度と関わりたくない人には、何も言う気にならないよね
無駄な労力を使わずに、サーっと、強制終了しちゃうでしょ⁉

だから、
目の前の、クレームを言ってきてくれている、その人は、
まだ、あなたや、あなたの会社と関わりたいと思ってくれているの
これからも関係していきたいから、

改善してほしいし、
気持ちをわかってほしい、と訴えてくれてる

そこに気づいたら、見え方が変わるよ
そんなに労力をかけて、まだ、つながりたいと思ってくれている

それがわかると
「ありがたいなぁ……」って、感謝まで湧いてくる
するとね、こちらのエネルギーが伝わって、
相手もホッコリしてくるの
最後は、談笑で終わったりして、
クレーム前より、もっと親密な関係に変わっている

クレームは、
実は、もっと親密になれる機会。本当は、宝物なんだよ

ケンカした時

ケンカしたら、落ち込むよね
あー、なんでこうなっちゃうのかなぁ……って、
自己嫌悪しちゃうよね
本当は、仲良くしたいのに
大好きだから、ちっちゃなことでも気になっちゃう
つい、言わなくていいことまで言ってしまう。

そう！
大好きだから、
つい、言っちゃう、やっちゃう……

そうなんです!!
大好きだからケンカする
ケンカするほど、お互いに相手を大好きってこと！

それを知ると、
ケンカも悪くないよね

本当の仲良しは、
「わーっ」てケンカして、その後、すぐ仲良くなるの

そもそも、
お互いの意見を言い合うことを
「ケンカ（＝悪いこと）」として見るのか、
「お互いに素直に、気持ちを伝え合えている（＝良いこと）」と
見るのか、
実は、その出来事をどう見るか、「見方だけ」なんです

ケンカって、見方を変えれば、
大好きだからできるもの
素直に気持ちを伝え合える関係だからできるもの

ケンカもできないって、
実はそっちのほうが、悲しい関係だったりするよ

あれ？
なんだかケンカがステキなことに見えてきた

ケンカしている わたし達って
もしかして……
実は、ス・テ・キ……？

あとがき

最後までお読みくださり、ありがとうございました。

わたしは自身の生い立ちから、人生半世紀をかけて「人が、『お互いを、自分のことのように思い合える』愛と調和の世界」を、希求し続けてきました。

わたし自身もまだまだ進化中で、一人の人間としていろいろな体験をし、自らを実験台にして研究し続ける日々ですが、何か起こってもその度に、「ステージアップしていく周りの人との人間関係」や、「自分の伸び代が伸びていくこと」を、心から愛おしく思いながら暮らしています。

あなたの人生を埋める、ラストピース。

愛し、愛される日々……。

二元を超えて、どんな「プラス」も「マイナス」も愛おしめる、ゼロ磁場のような領域で暮らせる「真！　ニュートラル思考」と、「結果を追求する視点」ではなく、純粋に「『今ここ』の、このプロセスを愉しめる視点」を、本書で得ていただけましたら、とても嬉しく思います。

あなたの内面が愛で満たされ、本質的な愛で暮らしていかれる……。

それは、くしくも世界を平和にする、最後のワンピースにもなります。

あなたが幸せになることが、地球を豊かにすること!

いつか、「成幸者」のあなたと一緒にお話できる日が来ることを、楽しみにしています。

最後に、この本の出版にあたりご尽力くださったクローバー出版の小川会長や、編集の田谷さんはじめ坂本さん、関わってくださった多くの方々、そして多忙の中、わたしを支えてくれた家族や親友に心からの感謝を捧げます。

ありがとうございました。

地球が、そして、わたし達一人ひとりの内面が、本来の輝きを取り戻しますように。

2023年11月20日
Rumi

Rumi

株式会社 人間根本問題研究所 代表取締役
QLCメソッド開発者・作家

聖心女子大学文学部卒業
『お互いがお互いを、自分のことのように思い合える社会にしたい』幼少期からの想いを胸に、半世紀以上、その方法を模索し続け、現在に至る。

2017年、株式会社 人間根本問題研究所を設立。

現在は、量子論を基にした自我浄化メソッド『Quantum Love Creation(QLC)』で、最短で幸せになれる意識の科学を、講座、講演、出版で伝え、全国にて講演400回以上、のべ8,000名以上を指導。

「自己実現や、願いが叶わないセミナージプシーと呼ばれる人々」を『真の成幸』へ、また「物質界で成功を収めてもなお、人生のラストピースを探し求めている方々」を『本質的な愛が循環する最終境地』へ、導いている。


著書に『逆説！　ホントの鏡の見方』『ガマン大迷惑の法則』『「人にどう思われてるか気になる」人への処方箋』等がある。